CNNの生きた例文で学ぶ
現代英語の
最新キーワード辞典
【2023-2024】

EE
BOOKS

朝日出版社

『CNN English Express』編集部＝編

はじめに

本書は世界最大のニュース専門メディアであるCNNの放送をもとに、最近話題の言葉から頻出語まで、世界の「今」を知るのに重要なキーワードを集めました。例文は、全て実際にCNNの放送で使われたものなので、他に類のないリアル感で学習することができます。

「Part1 最新キーワード」では新型コロナウイルスやSNSなど、いま話題の言葉を紹介しています。各章の初めには、まだ馴染みのない新語を解説するコーナーも掲載していますのでご活用ください。「Part2ニュース頻出語」では政治経済、ビジネス、司法、医療、生活とジャンル分けし、頻出単語を紹介しています。見出し語のほか、例文ごとに重要単語や難単語を多数ピックアップして掲載しましたので、併せて覚えていきましょう。

本書のご購入者はMP3音声を無料でダウンロードすることができます。Part1はプロのナレーターが読んだもの、Part2はCNNの音源をそのまま使用しています。CNNの音源はアンカーの読むきれいな英語から、インタビュー素材や大統領のスピーチなど様々。短い英文ですので、「生きた英語」を使いこなす最初のステップとして何度も繰り返し聞くことをお勧めします。

また、紙版と同一内容の電子書籍版(PDF)を無料でダウンロードできるサービスもついています。スマートフォンやタブレットに入れて外出先での学習などにお役立てください。入手方法は巻末に記載しておりますので、ご参照ください。

近年は大学入試でも時事の話題が頻繁に取り上げられるなど、時事英語はより身近なものとなっています。受験生はもとより、大学生や社会人にとっても英語を通してニュースを見ることは、世界情勢を深く知るきっかけとなるはずです。本書がその第一歩となることを願っています。

2023年3月
「CNN English Express」編集部

ダウンロードサービス(MP3音声・電子書籍版)について

本書のご購入者は、巻末（p.192）記載のURLまたはQRコードから申請していただくと、本書のMP3音声と電子書籍版（PDF）を無料でダウンロードすることができます。音声をスマートフォンやタブレット端末で再生される方には、下記の音声再生アプリのご利用をお勧めします。使いやすく、機能も豊富です。なお、トラック番号13 ～ 75の音声はCNNの音源をそのまま使用しています。一部雑音や聞き取りにくい箇所があることを、あらかじめご了承ください。

音声再生アプリの使い方

朝日出版社の音声再生アプリ「Listening Trainer（リスニング・トレーナー）」を使うと、MP3音声のダウンロードと再生がとても便利・簡単です。

1 App Store または Google Playストアでアプリをダウンロードする。

2 アプリを開き、「コンテンツの追加」をタップする。

3 カメラへのアクセスを許可する。

4 スマートフォンのカメラでこのQRコードを読み込む。

5 読み取れない場合は、画面上部の空欄に01333を入力してDoneを押す。

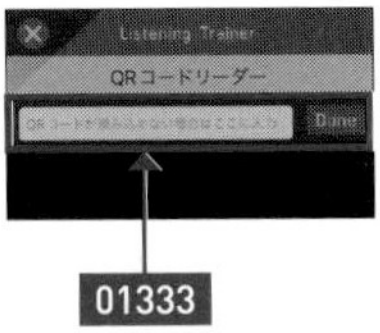

6 My Audio の中に表示された本書を選ぶ。

7 目次画面の右上の「Play All」を押すと、最初から再生される

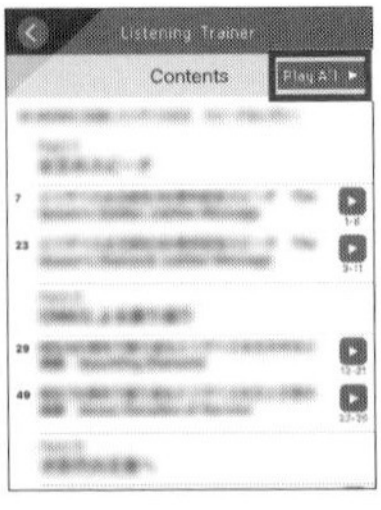

8 特定の音声を再生したい場合には、聞きたいものをタップする。

9 音声が再生される。

Contents

① ジャンル分け

大きく6つのジャンルに分けて単語を紹介しています。トラック番号の横には、各ジャンルを細かく区切ったタイトルも記載しています。興味のある分野から取り組んでみましょう。

② 見出し語

英単語と対応する日本語訳、発音記号を掲載しています。巻末の索引は英語、日本語どちらも記載していますので学習の際にご活用ください。また、単語横に記載している数字は見出し語の通し番号です。

③ 解説

日本語訳の補足や類義語、関連表現などを紹介しています。類義語は類、その他の解説や関連表現は▽で記しています。

政治経済

217	**economic expansion** [i:kənά:mik ikspǽnʃən]	景気拡大
218	**economic measures** [i:kənά:mik méʒərz]	景気対策、経済措置
219	**economic recovery** [i:kənά:mik rikʌ́vəri]	景気回復
220	**economic slump** [i:kənά:mik slʌ́mpt]	経済不振、不況
221	**plummet** [plʌ́mət]	(物価・株価などが) 急落する 類 plunge、nosedive
222	**price of commodity** [práis əv kəmάdəti]	物価、商品価格
223	**privatize** [prədʒékʃən]	～を民営化する ▽postal service privatization：郵政民営化
224	**projection** [prədʒékʃən]	(将来の) 見通し、予測

76

❸ MP3音声のトラック番号

ダウンロード方式でご利用頂けるMP3音声のトラック番号が記されています。音声のダウンロード方法はP4をご参照ください。なお、1～12までの音声はプロのナレーターが読んだもの、13～75はCNNの音声をそのまま使用しています。

景気 28

Well, China's rapid **economic expansion** has raised the standard of living for much of the country's population.

さて、中国は急速な景気拡大により、国民の多くが生活水準を向上させた。

□ **standard of living：生活水準**

Desperate economic times call for desperate **economic measures**.

絶望的な景気の時代に求められるのは、懸命な景気対策だ。

□ **desperate：絶望的な、必死な** □ **call for：～を要求する**

And while our **economic recovery** is not yet complete, we are heading in the right direction.

さらに、景気回復はいまだ道半ばだが、われわれは正しい方向へと向かっている。

Many are looking for stability during the current **economic slump**, a test for South Korea's active Christian community.

多くの人々は、現在の経済不況の中で安定を求めており、韓国の活発なキリスト教社会にとっては試練となっている。

□ **stability：安定、安定性**

Oil prices **plummeted** and dragged down global stock markets with them.

原油価格が急落し、世界の株式市場もそれに引きずられるように下落した。

□ **drag down：～を引きずりおろす、を低下させる**

The workers fueling China's rapid economic growth are feeling the pinch of higher **prices of commodities**.

中国の急速な経済成長を活気づけている労働者たちは、物価上昇により苦しんでいる。

□ **feel the pinch of：～の苦しみを味わう**

She also **privatized** many companies with names that start with "British," from Airways to Petroleum to Telecom.

彼女はまた、「ブリティッシュ」の名を冠した企業を多数民営化した。航空会社、石油会社、通信会社などが主な例だ。

□ **start with：～から始ま**

He says Cirque is adding more shows this year despite the dire **projections** for the economy.

シルク（サーカス）は今年、先行き不透明な経済状況もかかわらずより多くのショーを追加していると彼は話している。

□ **dire：先行き不安な**

77

最新キーワード　政治経済　ビジネス　司法　医療　生活

❹ 例文・日本語訳

掲載している例文は、すべてCNNで実際に使われたものです。報道で使われた「生きた英語」を体感しましょう。

❺ 語注

例文中の重要単語や難単語をピックアップして掲載しました。こちらも併せて学習していきましょう。

Part 1

最新キーワード

最近のニュースでよく耳にするキーワードを4つのジャンルに分けて紹介。
従来の単語集にはない最新語句をCNNの英文で学んでいきましょう。

新型コロナウイルス（COVID-19）

2019年12月、中国・湖北省武漢で相次いで確認された新型コロナウイルス感染症。当初は武漢市内のみで広まっていた未知のウイルスによる集団感染は、ものの1か月で中国全土、そして世界中に拡大し、2020年3月にはWHOによりパンデミック（世界的大流行）にあたると宣言されました。
この感染症の拡大によって、日本でも「ソーシャルディスタンス」や「3密」など新しい言葉が定着していきました。ここでは新型コロナウイルス関連のニュースでよく使われる単語を掲載しています。まずはコロナ禍によって変化した人々の心境や、過ごし方に関する英語表現を見ていきましょう。

binge-watching

（テレビやドラマなどの）一気見

テレビやドラマなどを長時間にわたって視聴すること。通常は1つのシリーズを連続で視聴することを指す。bingeは「何かに熱中すること」を意味するスラングで他にbinge-drink（大量の酒を飲む）やbinge-eat（食べまくる）といった表現もある。Netflixなどのビデオストリーミングサービスの普及と共に広まった言葉だが、コロナ禍により家で過ごす時間が増えたことで、より使われるようになった。

---

doomscrolling

ドゥームスクローリング

SNSやインターネットでネガティブな情報ばかりを見てしまうこと。「破滅、悲運」といった意味を持つdoomと携帯の画面を動かすスクロール「scrolling」を合わせた言葉。パンデミックや**ロシアのウクライナ侵攻**など様々な社会情勢の不安が重なり、こうした心理状態に陥る人が増えた。「インターネットで検索すること」を意味するsurfingを使ってdoomsurfingという表現もある。

□ Russian invasion of Ukraine：ロシアのウクライナ侵攻

---

goblin mode

ゴブリンモード

社会的規範や期待を拒絶するような、自己中心的でだらしなく、欲望のままに振る舞う行為のこと。goblinは伝説上の小鬼で、醜くて意地が悪いとされる。いわゆる規則正しい生活とは対極の過ごし方。新型コロナ対策の規制が緩和され、外出する機会が増えると、決まった時間に起床し身なりを整えて外出するといった「普通の生活」を拒む人たちによってSNSを中心広まった。2022年のオックスフォード英語辞典が選ぶ今年の単語では、一般投票の93パーセントの支持を集めて選出された。

infodemic

インフォデミック

インターネットやソーシャルメディアを通じて、誤った情報や誤解を招く表現が急激に拡散される現象のこと。「情報」を意味するinformationと「伝染病の急激な広がり」を指すepidemicを組み合わせた言葉で、2003年にSARS（重症急性呼吸器症候群）が流行した際に一部の専門家の間で使われていた。コロナ禍のような緊急事態の際には出所不明の情報が広がりやすく、2020年2月にWHOが科学的根拠のない情報が拡散されていることに対する警笛としてこの言葉を使い、注目された。

permacrisis

長期にわたる不安定な状況

Permanent（永久的な）とcrisis（危機）を合わせた言葉。様々な要素が重なり、終わりがないように感じるほど長期間続く不安定な状況のこと。長引くコロナ禍に加えて、ロシアのウクライナ侵攻や物価高など様々な場面で混乱や不安が付きまとう状況が続き、広く使われるようになった。2022年の英コリンズ辞典が選ぶ今年の単語にも選ばれた。

remotely

リモートで

日本でもお馴染みの言葉となった「リモート」。remoteは「遠い」を意味する形容詞で、日本語のリモートはremotelyと副詞を使って表すことが一般的。動詞の後ろにつけてwork remotely「リモートワークをする」などと使える。ちなみにnot remotelyは「全く〜ない」という強い否定の意味になる。

staycation

ステイケーション

電車や飛行機を使って遠出するのではなく、自宅からそれほど遠くない場所で旅行気分を味わう休日の過ごし方「滞在」を意味するstayと「休暇」を意味するvacationを組み合わせた言葉で、新型コロナウイルスの影響で積極的な遠出が難しくなったことから、新しい旅行の形として注目された。イギリス英語では、この言葉が海外旅行に対して自国で休日を過ごす国内旅行の意味で使われることもある。

最新キーワード

1	**airborne infection** [érbɔ̀rn inféKʃən]	空気感染
2	**antibody** [ǽntibɑ̀di]	抗体
3	**asymptomatic** [eisìmptəmǽtik]	無症状の、症状のない
4	**border control** [bɔ́rdər kəntróul]	水際対策
5	**breakthrough infection** [bréikθrù: infékʃən]	ブレークスルー感染 ▽ワクチンを接種した人が病原体に感染すること
6	**close contact** [klóuz kɑ́ntæ̀kt]	濃厚接触
7	**community transmission** [kəmjú:nəti trænsmíʃən]	市中感染、地域感染
8	**contactless** [kɑ́ntæktlɛs]	非接触型の

His invention evolved into the N95 mask, the personal protective equipment most commonly used by health professionals to prevent **airborne infection**.

彼の発明は、空気感染を防ぐ目的で医療従事者に最も多く使用される個人防護具、N95マスクに発展した。

☐ evolve into：進化して～になる

The inactivated vaccines used in China have been found to elicit lower levels of **antibody** response as compared to others used overseas.

中国で使用されている不活化ワクチンは、海外で使用されている他のワクチンと比較して、抗体反応を引き起こすレベルが低いことが分かっている。

☐ inactivated vaccine：不活化ワクチン　☐ elicit：～を引き起こす

Asymptomatic and mildly ill workers can go to work normally after taking protective measures as necessary for their health status and job requirements.

無症状や軽症の人は、健康状態や業務内容に応じて必要な安全対策を講じた上で、通常通り出勤することができる。

☐ mildly ill：軽い病気

Due to strict **border control** measures and a closed airport, Bali went from receiving millions of international visitors to welcoming just 45 in 2021.

バリは何百万人もの外国人観光客を受け入れていたが、厳しい水際対策措置と空港閉鎖によって、2021年はわずか45人にとどまった。

☐ go from ～ to…：～から…へ進む

UK leaders noted, booster-induced immunity is also critical for reducing the risk of severe symptoms, even if a **breakthrough infection** should occur.

英国の指導者たちは、ブースター接種による免疫強化は、たとえブレークスルー感染が起こったとしても、重症化するリスクを減らすために重要であると指摘している。

☐ booster：ブースター接種　☐ induce：誘発する、誘導する

The virus is spread through **close contact** and can infect anyone.

ウイルスは濃厚接触によって広がり、誰にでも感染する可能性がある。

Community transmission in Shanghai could be expected to end soon, and cases would only be detected in quarantine centers.

上海の市中感染はまもなく終息し、感染者は検疫所でしか見つからないと予想されている。

☐ quarantine：隔離、隔離所、検疫所

The pilot program offers a glimpse into how drones could be used in the not-too-distant-future to provide faster and **contactless** delivery.

この試験的プログラムは、そう遠くない未来に、ドローンがどのような方法で速く、非接触型の配達ができるかを垣間見ることができる。

☐ offer a glimpse into：～をちらっと見せる　☐ not-too-distant：それほど遠くない

9	**contact tracing** [kɑ́ntæ̀kt tréisiŋ]	(感染者の) 接触者追跡
10	**health care worker** [hélθ kέər wə́ːrkər]	医療従事者
11	**herd immunity** [hə́ːrd imjúːnəti]	集団免疫
12	**housebound** [háusbàund]	(病気などによって) 外出できない、家に引きこもった
13	**incubation period** [ìŋkjʊbéɪʃən píəriəd]	潜伏期間
14	**long Covid** [lɑ́ːŋ kəʊ.vɪd]	新型コロナウイルスの後遺症
15	**panic buying** [pǽnik báiiŋ]	買い占め、買いあさり
16	**route of infection** [rúːt əv infékʃən]	感染経路

California has been using testing, **contact tracing** and vaccine infrastructure built for the Covid-19 pandemic to respond to monkeypox outbreaks.

カリフォルニア州では、コロナウィルスのパンデミックのために構築された検査、接触者追跡、ワクチンのインフラを、サル痘の流行に対応するために使用している。

☐ monkeypox：サル痘

This is an important start, and one of the first national efforts at supporting **health care workers**, but it is only the beginning.

これは重要なスタートであり、医療従事者を支援する最初の国家的取り組みの一つであるが、始まりに過ぎない。

Different types of vaccines should be studied and developed to help boost the **herd immunity** in the general population, which is a big issue for China.

中国の大きな課題である一般市民の集団免疫を高めるためには、さまざまな種類のワクチンを研究開発すべきだ。

More recently, some people like Brooklyn resident Sarah have created Slack channels to stay in touch with **housebound** locals in her neighborhood.

最近では、ブルックリンに住むサラのように、外出できない近所の人たちと連絡を取り合うためにSlackのチャンネルを作った人もいるようだ。

☐ Slack：スマートフォンやパソコンで利用できるコミュニケーションアプリ

Compared with previous variants, Omicron has a shorter **incubation period** (2-4 days), defined as the time between becoming infected and symptom onset.

オミクロンはこれまでの変異種と比較して、感染してから症状がでるまでの期間と定義される潜伏期間が2～4日と短い。

☐ variant：変異種

People who have a healthy lifestyle before Covid-19 infection may have a lower risk of **long Covid** than their peers, a new study says.

新たな研究によると、新型コロナウイルス感染前に健康的なライフスタイルを送っている人は、同世代の人よりも後遺症のリスクが低い可能性がある。

☐ peer：同年代、同僚、同等の人

Chengdu's lockdown, announced hours before it went into force, sparked **panic buying** across the city.

成都ロックダウンは、実施される数時間前に発表され、街中で買い占めが起こった。

☐ go into force：(法律や制度が) 施行される

The **route of infection** is not certain, but possibilities include fresh water, possum poo and insect bites.

感染経路は定かではないが、真水、フクロネズミのフン、虫刺されなどが考えられてる。

☐ possum：フクロネズミ

17	**sanitation** [sæ̀nətéiʃən]	公衆衛生
18	**self-quarantine** [sélf kwɔ́rəntin]	自主隔離
19	**side effect** [sáid ifékt]	副反応
20	**travel subsidy** [trǽvl sʌ́bsədi]	旅行支援
21	**remotely** [rimóutli]	リモートで、ネット経由で
22	**underlying condition** [ʌ́ndərlàiiŋ kəndíʃən]	基礎疾患
23	**vaccinated** [væksʌnetɪd]	ワクチンを接種している
24	**variant** [vέəriənt]	変異体、変異型

People who live in areas with shortages of safe drinking water or inadequate **sanitation** are vulnerable to the disease.

安全な飲料水が不足したり、公衆衛生が不十分な地域に住む人々はこの病気にかかりやすい。

☐ vulnerable：攻撃を受けやすい

Citizens and permanent residents are allowed to enter Canada, but if unvaccinated they must **self-quarantine** for 14 days.

市民と永住権保持者はカナダへの入国が許可されているが、ワクチン未接種の場合は14日間の自主隔離が必要だ。

☐ permanent resident：永住者

However, the possibility of this **side effect** is not a reason to avoid a medication that is highly effective at reducing severe illness.

しかし、副作用の可能性があるからといって、重症化を抑える効果の高い薬を避ける理由にはならない。

☐ severe illness：重症疾患

Japan has scaled back a **travel subsidy** campaign – Go To Travel – but is not scrapping or pausing the scheme, even amid the risk of local infections.

日本は「Go to トラベル」と呼ばれる旅行支援施策を縮小したが、地域感染の危険性があるにも関わらずこの制度を廃止や中断することはしていない。

Currently, there's a disconnect between how often employees want to work **remotely** and how often their companies will let them.

今や、社員がリモートワークを希望する頻度と、会社が許可する頻度との間にはずれがある。

☐ disconnect：ずれ、食い違い

About 22% of the global population has at least one **underlying condition** that leaves them at risk of severe Covid-19, according to a study published in the Lancet.

ランセット誌に掲載された研究によると、世界人口の約22%が、コロナウイルスが重症化するリスクのある基礎疾患を少なくとも1つ持っている。

Minnesota's Dakota County has boosted a greater percentage of **vaccinated** people 65 and older than any other U.S. county with at least 50,000 seniors.

ミネソタ州のダコタ郡は、少なくとも5万人の高齢者がいる他のどの米国の郡よりも、65歳以上のワクチン接種者の割合が高くなっている。

☐ boost：～を増加させる、上昇させる

The data shows that the boosters are continuing to offer substantial protection against currently circulating **variants**.

このデータから、追加接種が現在流行している変異株に対して、十分な予防効果を発揮し続けていることがわかる。

☐ substantial：十分な、かなりの

人種・多様性

2020年5月、アメリカのミネソタ州ミネアポリスで、偽札使用の容疑で逮捕されていたジョージ・フロイド氏が白人警官に首を圧迫され窒息死する事件が発生。この事件に端を発して起きた黒人差別に対する抗議活動、「Black Lives Matter」はアメリカのみならず、世界中で報道され、アメリカ社会における人種差別の根深さを多くの人が知ることとなりました。ここでは、こうした人種問題をはじめ、「同性婚」や「文化盗用」など世界のニュースでも頻繁に取り上げられている多様性の話題を扱っています。

affirmative action

積極的差別是正措置

社会的・構造的な差別によって不利益を被っているマイノリティーの人々に対して、一定の範囲で特別な機会を提供することで、実質的な機会均等を実現するために講じる暫定的な措置のこと。1961年にジョン・F・ケネディ大統領が発令した**大統領命令10925号**によって、雇用差別の禁止と、マイノリティーの優遇的な雇用の促進を行ったことが起源とされている。

□ Executive Order 10925：統領命令10925号

---

cancel culture

キャンセルカルチャー

個人や企業などの発信が社会的に不適切だと問題視された際、主にSNSを使ってその人物や企業を追放しようとする流れのこと。英語のcancelが持つ「取り消す」、「解消する」という意味から派生した言葉で、問題視された特定企業の商品の不買運動や、人物の起用の取り消しなどをSNS上で呼びかけ、社会から排除しようとする。SNSの普及によって、2010年代の中頃から米国を中心に広まった。

---

cultural appropriation

文化盗用

特定の文化圏の宗教や文化の要素を、別の文化圏に属する人が自分のものにすること。appropriationは「横取り、私物化」の意味。特に、支配的・特権的な立場にあるグループが、マイノリティーの文化から、同意を得ずに流用することを指す。昨今、ファッション業界を中心に文化盗用の問題が指摘されており、日本にルーツのない米国の著名人が自身のアパレルブランドに「KIMONO」と名付けたことが文化盗用であるとの批判を受け、謝罪と名称の変更を行った。

gender gap index

ジェンダーギャップ指数

世界各国における男女格差を測る指数のこと。**世界経済フォーラム**が2006年から毎年発表しており、「経済」「教育」「健康」「政治」の4つの分野から算出される。調査には、**ILO**（**国際労働機関**）や**UNDP**（**国連開発計画**）などの統計資料が用いられる。指標は0が完全不平等、1が完全平等を表し、数値が大きいほど男女の格差が少ないことを意味している。2022年度、日本は0.650で146か国中116位。

- [ ] World Economic Forum (WEF)：世界経済フォーラム
- [ ] International Labour Organization (ILO)：国際労働機関
- [ ] United Nations Development Programme (UNDP)：国連開発計画

---

microaggression

マイクロアグレッション

人種や性別、性的指向などのマイノリティーに対する無意識の差別や偏見のこと。「攻撃」を意味するaggressionに「微小な」の意のmicro-が付いた語句。もともとは、白人が黒人に対して無自覚・無意識に行う侮辱的な言動を表す造語で、1970年代に米国の精神科医チェスター・ピアースによって作られた。現在は、女性やLGBTQなどを含んだマイノリティー全般に対する日常での無意識な差別や偏見を指す言葉としても使われるようになった。

---

pronoun

プロナウン（ジェンダー代名詞）

もともとは代名詞の意味だが、近年、特にジェンダーにかかわる代名詞（ジェンダー代名詞）の意味でも使われることが増えている。自身の性自認・性表現が女性の人に対して使われる「she/her」、男性の人に対して使われる「he/him」のほか、女性や男性という性別のどちらにも当てはまらないノンバイナリーの人や、どちらか不明の人などに対しては、単数であっても「they/them」を使う傾向にある。

#StopAsianHate

#ストップアジアンヘイト

アジア系を標的とした**ヘイトクライム**に対する抗議運動の一環として、SNS上で使われるハッシュタグ。新型コロナウイルスの感染拡大を契機として、米国をはじめとする欧米諸国でアジア系住民に対するヘイトクライムが急増した。これを受けて、各地で抗議デモが行われ、SNS上では「#StopAsianHate」のハッシュタグを使って多くのアジア系が抗議の声をあげた。

- [ ] hate crime：ヘイトクライム（憎悪犯罪）

25	**AAPI** =Asian Americans and Pacific Islanders	アジア・太平洋諸島系米国人 ▽米国の市民のうち、アジアと太平洋諸島に起源を持つ人々
26	**affirmative action** [əfə́ːrmətiv ǽkʃən]	アファーマティブアクション、積極的格差是正措置 ▽マイノリティーが過去に受けた、教育などに関する差別をなくそうとする取り組み
27	**BIPOC** =black, indigenous, and people of color	黒人・先住民・有色人種などのマイノリティ
28	**Black Lives Matter** [blǽk láivz mǽtər]	ブラック・ライブズ・マター
29	**cancel culture** [kǽnsl kʌ́ltʃər]	キャンセルカルチャー ▽特定の人物を社会から排除する動きや考え方
30	**color barrier** [kʌ́lər bǽriər]	人種差別の壁
31	**CRT** =critical race theory	批判的人種理論 ▽人種差別は社会の法律や制度など社会のあらゆるところに組み込まれているとする考え方
32	**cultural appropriation** [kʌ́ltʃərəl əpròupriéiʃən]	文化盗用

Falsely blamed for the global spread of the virus, the **AAPI** community has been subjected to violent attacks over and over.

そのウイルスの世界的な蔓延の責任を不当に負わされ、アジア・太平洋諸島系米国人のコミュニティは暴力的な攻撃に何度もさらされている。

☐ falsely：不当に　☐ blame：責任を～に負わせる

When you get rid of **affirmative action** policies, it also decreases racial diversity.

アファーマティブアクション政策を廃止すると、人種の多様性も低下する。

☐ get rid of：～を廃止する

My main concern is that the United States has the highest maternal mortality rate in a developed nation, and it largely affects the **BIPOC** community.

私が最も懸念しているのは、米国は先進国の中で最も妊産婦死亡率が高く、それがBIPOCコミュニティに大きく影響していることだ。

☐ maternal mortality rate：妊産婦死亡率

The phrase "**Black Lives Matter**" is being used now as more than just a hashtag – it's a rallying cry.

"ブラック・ライブズ・マター"というフレーズは、単なるハッシュタグにとどまらず、スローガンとして使われている。

☐ rallying cry：（人々に行動を起こさせるための）スローガン、掛け声

The professor says that **cancel culture** is essentially a collective "boycott" of a person and a way of holding celebrities accountable for their actions.

その教授は、キャンセル・カルチャーとは本質的に、ある人物に対する集団的な「ボイコット」であり、著名人にその行動の責任を取らせる方法であると言う。

Jackie Robinson broke the Major League Baseball **color barrier** on April the 15th in 1947.

1947年4月15日、ジャッキー・ロビンソン選手がメジャーリーグの人種の壁を破った。

In more than 12 states, legislators have proposed bills to ban **CRT**.

12以上の州で、議員たちがCRTを禁止する法案を提案している。

Recently, the conversation around **cultural appropriation** in fashion has been unavoidable.

今日、ファッションにおける文化盗用をめぐる話題は避けて通ることができない。

☐ unavoidable：避けられない、不可避の

33	**diversity and inclusion** [dəvə́ːrsəti ən (d) inklúːʒən]	ダイバーシティ＆インクルージョン
34	**gender bias** [dʒéndər báiəs]	ジェンダーバイアス ▽社会的・文化的性差別、または性的偏見
35	**gender gap** [dʒéndər gǽp]	ジェンダーギャップ、男女格差
36	**gender-neutral** [dʒéndər nútrəl]	ジェンダーニュートラル ▽男女の性差にとらわれない考え方
37	**gender pay gap** [dʒéndər péi gǽp]	男女の賃金差
38	**microaggression** [màikrouəgréʃən]	マイクロアグレッション ▽人種や性別、性的指向などのマイノリティーに対する無意識の差別や偏見のこと
39	**nonbinary** [nɒnbáinəri]	ノンバイナリーの人 ▽自分の性自認を男性・女性という性別のどちらでもないと認識している人
40	**person of color** [pə́ːrsən əv kʌ́lər]	（白人以外の）有色人

DeSantis proposes banning **diversity and inclusion** initiatives at Florida universities.

デサンティス知事は、フロリダ州の大学におけるダイバーシティ＆インクルージョンの取り組み禁止を提案している。

☐ **initiative**：（問題解決に向けた）新たな取り組み

Most people don't actually think they're engaging in any kind of **gender bias**, their studies showed.

ほとんどの人々は、実際には自分が何らかの性差別に関与しているとは考えていないことが、彼らの調査で明らかになった。

☐ **engaging in**：～に関与している

The World Economic Forum estimated that the economic **gender gap** will take another 268 years to close.

世界経済フォーラムは、経済的な男女格差が解消されるまでにはあと268年かかると試算している。

☐ **estimate**：～と推定する、見積もる

The **gender neutral** store on its website already features a collection of T-shirts, sweatpants, cargo and slim-fit pants in solid colors and tie-dye prints.

ウェブサイト上のジェンダーニュートラルな店では、すでに無地やタイダイ柄のTシャツ、スウェットパンツ、カーゴパンツ、スリムフィットパンツなどのコレクションを展開している。

Government officials need to take a hard look at the deep-rooted practices and policies that have allowed the **gender pay gap** to persist.

政府関係者は、持続する男女の賃金格差を許してきた根深い慣習や政策について、厳しく見直す必要がある。

☐ **take a hard look at**：～について詳しく見る　☐ **deep-rooted**：（習慣、考えなどが）深く根付いた、根深い

These stereotypes often come in the form of **microaggressions** — brief and commonplace verbal, behavioral or environmental indignities.

これらのステレオタイプは、しばしばマイクロアグレッションという形で現れる。つまり、簡潔でありきたりな言葉、行動、環境による侮辱を受けることだ。

☐ **commonplace**：ありきたりな　☐ **indignity**：侮辱、冷遇

Argentina's President Alberto Fernandez announced a new National Identity Document for **nonbinary** people on Wednesday.

南米アルゼンチンのアルベルト・フェルナンデス大統領は水曜日に、ノンバイナリーの人々のための新しい身分証明書を発行すると発表した。

☐ **National Identity Document**：身分証明書

The new CEO of The Associated Press is the first **person of color** and the first woman to lead the news agency.

AP通信社の新しいCEOは、初の有色人種であり、通信社を率いる初の女性である。

☐ **news agency**：通信社

41	**pronoun** [próunaun]	プロナウン、ジェンダー代名詞
42	**racial equality** [réiʃəl ikwɔ́ləti]	人種的平等
43	**rainbow capitalism** [réinbòu kǽpitəlìzm]	レインボーキャピタリズム、レインボー資本主義
44	**same-sex marriage** [séim séks mǽridʒ]	同性婚
45	**sexism** [séksìzm]	（特に女性に対する）性差別
46	**white supremacy** [hwáit səpréməsi]	白人至上主義
47	**whitewashing** [hwáiti wɔ́ʃiŋ]	ホワイトウォッシング ▽映画等において白人以外の役柄を白人が演じること
48	**x gender** [éks dʒéndər]	Xジェンダー ▽男女のどちらにも属さないと考える性自認を持つ人

Many people in educational institutions and corporate life are including their chosen **pronouns** in their email signatures.

教育機関や企業では、電子メールの署名に自分の選んだ代名詞を入れる人が多くなっている。

Some Republicans and far-right groups' attacks on voting rights and American democracy are making it harder for Black people to achieve **racial equality**.

一部の共和党員や極右団体による投票権やアメリカの民主主義に対する攻撃は、黒人が人種的平等を実現することを難しくしている。

□ far-right：極右、極端な保守主義

Maybe it's **rainbow capitalism** – the idea that some companies use LGBTQ allyship for their own gain.

それは、レインボーキャピタリズム、つまりLGBTQへの支援を自分たちの利益のために利用する企業があるという考えかもしれない。

□ for one's own gain 自分の利益のために

A little more than ten years ago, President Joe Biden, then Vice President, came out in public support of **same-sex marriage** for the first time.

10年ほど前、当時副大統領だったジョー・バイデン大統領は、初めて公の場で同性婚を支持することを表明した。

Overcoming the consequences of **sexism** and racism has been next to impossible for generations of women.

性差別と人種差別の結果を克服することは、何世代にもわたって女性にとってほとんど不可能なことであった。

□ consequence：結果、結論　□ racism：人種差別　□ next to：（否定語の前で）ほとんど～

We need to say as clearly and as forcefully as we can that the ideology of **White supremacy** has no place in America.

私たちは、米国に白人至上主義の思想が存在する場所はないことを可能な限り明確に、そして力強く伝えることが必要だ。

□ forcefully: 力強く　□ have no place in: ～の存在の余地がない

Around the same time, the industry was facing accusations of "**whitewashing**" and calls for better representation.

同じ頃、業界は「ホワイトウォッシング」に対する非難や表現力の向上を求める声が上がっていた。

□ accusation：非難、告発　□ call for：～を求める

The State Department has issued the first US passport with an "**X gender**" marker as it seeks to implement gender-inclusive polices.

米国務省は、ジェンダーに配慮した政策を実施するため、米国で初めて「X」の性別表示があるパスポートを発行した。

□ issue：～を発行する、交付する　□ gender marker：性別表示　□ implement：～を実施する

テクノロジー・インターネット

2022年、電気自動車メーカー、テスラ社のCEOとして知られるイーロン・マスク氏がTwitter社を買収したことが大きな話題となりました。他にもフェイスブックが、仮想空間を意味する「メタバース」事業へ力を入れるため社名を「メタ」に変更するなど、こうしたインターネットや最新テクノロジーに関する話題は、昨今のニュースで頻繁に目にするものとなりました。
ここでは、日々新しい言葉が生まれるインターネット・テクノロジーの最新キーワードを紹介します。

algospeak

アルゴスピーク

人種差別や性的表現などデリケートな話題やルールを破る可能性のあるコンテンツをSNSなどで発信する際に、禁止されている用語を回避する為に使われる**絵文字**や代替表現のこと。ウクライナをひまわりの絵文字で表現することや、死を表すときにdieやdeadの代わりにunaliveを使うといったことが主な例として挙げられる。

□ emoji：絵文字

---

go viral

バズる

インターネットやソーシャルメディアなどで情報が急速に広まること。viralはウイルスを表すvirusの形容詞形で、ウイルスのように情報が瞬く間に広がっていくイメージからこの表現が生まれた。口コミやSNSでの拡散を利用したマーケティングを表すviral marketingという表現もある。

FOMO

取り残されることへの不安

fear of missing outの略。他人が自分のいないところで楽しんでいたり、有益な体験をしているのではないかと不安に感じる心理のこと。インターネットやSNSの発達により、「発信される最新情報と常につながっていないと置いて行かれた感覚になる」、「友人関係が保てなくなる」といった不安感を抱く人が増えたことによりこの言葉が使われるようになった。FOMOは**インターネット依存症**とも深く関係している。

□ internet addiction：インターネット依存症

Metaverse

メタバース

インターネット上に作られた仮想空間のこと、利用者はARやVR技術を使って、買い物や仕事といった経済活動をはじめ、生活のあらゆることがデジタル空間で行えるようになる。「超越した」を意味するmetaとuniverse「宇宙」を合わせた言葉。2020年10月にフェイスブック社が、今後メタバース事業に力を入れていくために社名を「Meta」と変更したことが大きな話題となった。

NFT

非代替性トークン

non-fungible tokenの略。**ブロックチェーン**上で発行される真正性と所有権を証明するデータのこと。fungibleは「代替可能な」を意味する形容詞。ポップアートの巨匠アンディウォーホルや、グラフィックデザイナーのビープルの作品など、NFT化されたデジタルアートが高額で取引され注目を集めている。

☐ ブロックチェーン：blockchain

---

social media

ソーシャルメディア、SNS

インターネットを利用して誰でも手軽に情報を発信し、共有や拡散など相互のやりとりができるメディアの総称。TwitterやInstagramもソーシャルメディアと呼ばれ、日本で馴染みのあるSNS (social networking service) という表現は英語圏ではあまり使われない。SNSのほか、ブログ、**動画投稿サイト**、コミュニケーションアプリなどが例としてあげられる。

☐ online video platform：動画投稿サイト、動画共有サービス

---

yassification

写真や動画を編集機能によって盛ること

写真や動画の編集機能やフィルターを使って、加工すること。特に元の画像が分からなくなるほど過度に加工したものを指す。元々はLGBTQコミュニティーから生まれた言葉だったが、歴史上の人物や有名人を加工するTwitterアカウントがきっかけにSNSで広がった。

49	**advertising revenue** [ǽdvərtàiziŋ révənùː]	広告収入
50	**age verification** [éidʒ vèrəfikéiʃən]	年齢認証
51	**AI** =artificial intelligence	人工知能
52	**AR** =augumented reality	拡張現実
53	**cyber libel** [sáibər láibl]	サイバー名誉棄損 ▽インターネットを通じた他者に対する名誉棄損
54	**cryptocurrency** [kríptoukʌ̀rənsi]	暗号資産、暗号通貨
55	**digital detox** [dídʒitəl ditɑ́ks]	デジタルデトックス ▽パソコンや携帯電話から離れる時間をつくること
56	**digital divide** [dídʒitəl diváid]	デジタル格差、情報格差 ▽インターネットやデジタル機器等を利用できる人とできない人との間にもたらされる格差

Charging users for a verified account is a key to Musk's plan to make Twitter less dependent upon **advertising revenue**.

認証済みアカウントに関してユーザーに課金させることは、ツイッターを広告収入に依存しないようにするというマスク氏の計画のカギとなる。

□ verified：証明された

Yubo announced an expanded **age verification** process that involves users taking a photo of themselves and the app using artificial intelligence to estimate their age.

ユーボは、ユーザーが自分の写真を撮り、アプリが人工知能を使って年齢を推定するという年齢認証プロセスの拡大を発表した。

It's hoped that humanoid robots like Sophia can help familiarize people with the idea of **artificial intelligence**.

ソフィアのような人型ロボットが、人々に人工知能というものを身近に感じてもらえるようになることが期待されている。

□ humanoid：人間の形をしたもの　□ familiarize：慣れ親しませる

While some may be disappointed at the lack of radical new hardware in areas such as **AR**, Apple's investment will play a defining role in future product.

ARなどの分野で抜本的な新しいハードウェアがないことに失望する人もいるかもしれないが、アップルの投資は将来の製品に決定的な役割を果たすだろう。

□ radical：根本的な、抜本的な　□ defining：決定的な、特徴付ける

On Monday, Rappler founder and former CNN correspondent Maria Ressa was found guilty of **cyber libel** and faces up to 7 years in prison.

月曜日、Rapplerの創設者で元CNN特派員のマリア・レッサはサイバー名誉毀損で有罪となり、最高で7年の禁固刑に直面することとなった。

□ correspondent：特派員、駐在員

When the law went into effect on September 7, the **cryptocurrency** market crashed, losing billions in value.

9月7日にこの法律が施行されたとき、仮想通貨市場は暴落し、数十億ドル相当の価値が失われた。

□ go into effect：(法律などが) 施行される、発行する

The island studied travel trends that revealed a rising demand for **digital detox** experiences.

その島が旅行のトレンドを調査したところ、デジタル・デトックス体験への需要が高まっていることが明らかとなった。

The Biden administration has eyed different proposals to close the US' **digital divide**, which has persisted for years.

バイデン政権は、長年続いている米国のデジタル格差を解消するために、さまざまな提案に目を向けてきた。

□ eye：注視する、注目する

---

57 **doomscrolling**
[d´uːm.skroʊ.lɪŋ]
ドゥームスクローリング
▽インターネットやSNSでネガティブな情報ばかりを検索すること

58 **electronic payment**
[ilèktrɑ́nik péimənt]
電子決済

59 **facial recognition**
[féiʃəl rèkəgníʃən]
顔認証

60 **filter bubble**
[fíltər bʌ́bl]
フィルターバブル
▽インターネットのアルゴリズムによって、自分の興味のある情報しか見えなくなること

61 **Googling**
[guglɪŋ]
グーグルで検索すること、ググる

62 **go viral**
[góu váirəl]
（インターネットや口コミで情報が）急速に拡散する、バズる

63 **infodemic**
[ìnfədémik]
インフォデミック
▽根拠ない不確かな情報が急速に広まること

64 **instagrammable**
[ɪn.stə.græm.ə.bəl]
インスタ映えする

Avoid depressing news or social media **doomscrolling**, as they can trigger a cascade of hopelessness and feeling like the situation is wildly out of control.

憂鬱なニュースやソーシャルメディアのドゥームスクローリングは、絶望の連鎖を引き起こし、状況が手に負えないように感じてしまう可能性があるため、避けましょう。

□ cascade of：次々とつながる～　□ hopelessness：絶望

Credit cards, **electronic payments** and other cashless systems account for just 20% of all transactions in Japan.

日本では、クレジットカードや電子決済などのキャッシュレスシステムは、全取引のわずか20%に過ぎない。

□ acute：深刻な、ひどい

She hopes the investigation leads to more transparency and accountability in the federal government's use of **facial recognition** technology.

彼女は今回の調査が、連邦政府による顔認識技術の使用について、更なる透明性と説明責任を果たすことにつながることを期待している。

□ transparency：透明性　□ accountability：説明責任

By showing similar content based on what a user has liked, watched or searched for, the **filter bubble** contributes to political bias and social isolation.

ユーザーが「いいね！」を押したり、見たり、検索したものに基づいて類似のコンテンツを表示することで、フィルターバブルは政治的偏向と社会的孤立を助長する。

□ bias：偏向、偏見　□ isolation：孤立、隔離

2020 was defined by a spike in people frantically **Googling** for everything related to the coronavirus

2020年は、コロナウイルスに関連するあらゆることを必死にググる人々が急増した年であった。

□ spike：急上昇する　□ frantically：必死に、夢中に

While the FB platform offers people the opportunity to connect and share, an unfortunate side effect is that harmful and misinformative content can **go viral**.

FBのプラットフォームは人々がつながり、共有する機会を提供する一方で、残念なことに有害で誤った情報が広まるという副作用がある。

The World Health Organization began describing Covid-19 misinformation as an "**infodemic**" in the early stages of the pandemic last year.

世界保健機関は、昨年のパンデミック初期段階から、Covid-19の誤報を「インフォデミック」と表現するようになった。

The Maldives have the reputation of being one of the most **Instagrammable** places in the world.

モルディブは世界で最もインスタ映えする場所のひとつとして有名だ。

□ have a reputation of：～として有名である

65	**internet meme** [íntərnèt míːm]	インターネットミーム ▽インターネットを通じて広がる動画や画像、文章などのこと
66	**Metaverse** [métəvə̀ːs]	メタバース ▽ユーザー同士が交流できる仮想現実空間
67	**NFT**	非代替性トークン
68	**nomophobia** [nòumoufóubiə]	携帯電話依存症、ノモフォビア
69	**right to be forgotten**	忘れられる権利 ▽インターネット上に公開されている自身のプライバシーに関する情報の削除や消去などを求める権利
70	**semiconductor** [sèmikəndʌ́ktər]	半導体
71	**sharenting** [éidʒ vèrəfikéiʃən]	シェアレンティング ▽自分の子供に関してSNSに過剰に投稿すること
72	**social media** [sóuʃəl míːdiə]	ソーシャルメディア、TwitterやInstagramなどのSNS ▽英語ではSNSという略語は一般的に使われない

It can be hard to explain why any particular image goes viral, and the "Dancing Baby," which is credited as being the first big **internet meme**, is no exception.

ある特定の画像がなぜ急速に拡散したかを説明するのは難しいが、最初の大きなインターネットミームとされる「ダンシング・ベイビー」も例外ではない。

☐ go viral：(インターネットなどで情報が) 急速に広まる　☐ credit：認める

Meta has been spending billions to build a future version of the internet, dubbed the **metaverse**, that likely remains years away from widespread acceptance.

メタは、メタバースと呼ばれるインターネットの未来版を構築するために数十億ドルを投じているが、これが広く受け入れられるのはまだ何年も先のことになりそうだ。

☐ dub：(ニックネームを) 付ける

Nonfungible tokens, or **NFTs**, are offering a new way to experience the ballet.

非代替性トークン、略してNFTが新しいバレエ体験のあり方を可能にしている。

☐ ballet：バレエ

Major drivers of **nomophobia** include boredom, loneliness, and insecurity, said Carr-Gregg, while some young nomophobes cannot bear solitude.

カーグレッグ氏によると携帯電話依存症の主な要因は、退屈、孤独、不安などであり、この症状に苦しむ若者の中には孤独に耐えられない人もいる。

☐ boredom：退屈　☐ insecurity：不安感　☐ solitude：孤独

Europe's top court rules that people have the **right to be forgotten** and search engines like Google must remove certain unwanted links.

ヨーロッパの最高裁判所は、人々には忘れられる権利があり、Googleなどの検索エンジンは特定の不要なリンクを削除しなければならないとの判決を下した。

Taiwan's homegrown **semiconductor** giant TSMC is perceived as being so valuable to the global economy.

台湾の国産半導体メーカーであるTSMCは、世界経済にとって非常に重要な存在だと認識されている。

☐ homegrown：国産の　☐ perceive：～に気づく、～を理解する

There are potential harms that come with **sharenting** too, that many parents might not recognize, according to new research.

新しい研究によると、多くの親が認識していないかもしれない、シェアレンティングに伴う潜在的な害も存在するとのことだ。

Parents should consider the content of **social media** their child consumes, as research has found that it can have negative effects on their mental health.

親は、子どもが消費するSNSの内容を考慮する必要があり、研究によると子どもの精神的健康に悪影響を及ぼす可能性があることが分かっている。

環境

地球温暖化に始まり、気候変動や大気汚染、生態系の破壊など地球はいま、様々な環境問題に直面しています。日本でも2020年にプラスチック製買物袋が有料化されるなど、その影響は実生活でも意識されるようになりました。
ここでは、環境に関する注目ワードを厳選して紹介しています。まずは近年メディアでも頻繁に取り上げられる「SDGs」や、エネルギー価格高騰への対策としてイギリスで始まった「ウォームバンク」など、話題の言葉を解説と共に見ていきましょう。

carbon footprint

カーボンフットプリント

商品やサービスの原材料の調達から生産、流通、そして廃棄、リサイクルに至るまでの工程全体における温室効果ガスの排出量を、二酸化炭素に換算して表したもの。文字通りの意味は「炭素の足跡」。ここで算出された数字を商品に掲示するような取り組みもある。同じく水資源の利用を数値化した**ウォーターフットプリント**という指標もある。

☐ water footprint：ウォーターフットプリント

---

climate emergency

気候危機、気候非常事態

これまで**気候変動**という言葉が一般的に使われてきたが、歯止めのかからない地球温暖化に対して**気候危機**が広がってきていた。そして近年、この気候危機という言葉の使用が一気に加速。世界中のいろいろな自治体などで**気候非常事態宣言**が出されるなど、気候変動が人類の未来にとって最重要の課題であることを印象付けている。

☐ climate change：気候変動　☐ climate crisis：気候危機
☐ climate emergency declaration：気候非常事態宣言

---

climate neutral

気候中立

人、企業、団体などが日常生活や経済活動を行う上で排出される温室効果ガスを、その吸収量やその他の削減量を差し引いて総排出量を算出し、実質ゼロを目指すという取り組み。炭素の排出量を実質ゼロにした**カーボンニュートラル**とほぼ同じ意味だが、気候中立はメタンや一酸化窒素など全ての温室効果ガスを含む。日本も、2050年までの気候中立実現を目標としている。

☐ carbon neutral：カーボンニュートラル

greenwashing

グリーンウォッシング

企業の商品やブランドが、環境に配慮していないにも関わらず「エコ」や「環境に優しい」といった言葉で誤った印象や誤解を招くような情報を伝えること。whitewash（うわべを飾る、ごまかす）とgreen（環境に優しい）を組み合わせた語。近年､環境意識への高まりから環境に優しい商品やサービスを求める消費者需要が高まり、そうした需要に応えるためグリーンウォッシングを行う企業が増加しているという。

---

net zero

ネットゼロ

温室効果ガスの排出量が実質ゼロのこと。排出量をゼロにするのではなく、排出量から吸収量などを差し引いた数字をゼロにするという意味。netは「正味、実質」のことだが、ここでは温室効果ガス排出量から森林などによる吸収量を差し引いた数値のことを指す。資産から負債を控除したnet worth「純資産」と同じ使い方。

□ greenhouse gas：温室効果ガス

SDGs

持続可能な開発目標

Sustainable Development Goalsの略。2015年の国連サミットにおいて国連加盟193か国が2016年から2030年までの15年間で達成すべき目標として採択された。持続可能で包摂性のある社会の実現のための目標。17のゴールとそれらを達成するための具体的な169のターゲットで構成されている。

□ sustainable：持続可能な

---

warm bank

ウォームバンク

図書館や公民館などの公共施設、教会などを地域住民が暖を取れるよう解放する取り組み。暖かい部屋で過ごすことができるだけでなく、飲み物や軽食、充電器などを用意している場合もある。ロシアによるウクライナ進行の影響を受けたエネルギー価格高騰への対策として、特にイギリス各地で盛んに行われている。

73	**biodiversity** [bàioudaivə́ːsiti]	生物多様性、種が多様であること
74	**biofuel** [báioufjùəl]	バイオ燃料
75	**cap and trade**	キャップアンドトレード ▽国や企業ごとに温室効果ガスの排出枠を定め、その枠を取引できる制度
76	**carbon footprint** [kɑ́rbən fútprìnt]	二酸化炭素排出量
77	**carbon neutral** [kɑ́rbən nútrəl]	カーボンニュートラル ▽人為的活動を行った際に、温室効果ガスの排出量と吸収量が等しい状態
78	**circular economy** [sə́ːrkjələr ikɑ́nəmi]	循環型経済
79	**climate change** [kláimət tʃéindʒ]	気候変動
80	**climate justice** [kláimət dʒʌ́stis]	気候正義、気候の公平性

With their isolation and rich **biodiversity**, the Galapagos Islands have long served as a living laboratory for understanding evolution.

ガラパゴス諸島は、その孤立性と豊かな生物多様性から、長い間進化を理解するための生きた実験場としての役割を担ってきた。

□ **suburban**：**郊外の** □ **parental**：**親の**

Worldwide, hundreds of millions of dollars have been poured into **biofuel** research.

世界中で、バイオ燃料の研究に何億ドルもの資金が投じられていった。

□ **pour into**：**流し込む、注ぎ込む**

In 2009, 44 Democrats voted against the **cap-and-trade** climate-change bill that Waxman and Pelosi steered through the House.

2009年、ワックスマンとペロシが下院を通過させたキャップ&トレード気候変動法案に、民主党の44人が反対票を投じた。

□ **steer**：**～を導く、誘導する**

Farming animals is responsible for 14.5% of the global **carbon footprint** and the production of red meat accounts for 41% of those emissions.

動物の飼育は、世界の二酸化炭素排出量の14.5%を占め、赤身肉の生産はそのうちの41%を占めている。

□ **responsible for ～%**：**～%を占める**

FIFA has pledged to make Qatar 2022 the first **carbon neutral** World Cup.

FIFAは、2022年のカタール大会を、初のカーボンニュートラルなワールドカップとして開催することを約束している。

□ **pledge to**：**～することを約束する**

When recycled, clear PET Sprite bottles can be remade into bottles, helping drive a **circular economy** for plastic.

スプライトの透明ペットボトルは、リサイクルすると瓶に生まれ変わり、プラスチックにおける循環型経済の推進に貢献している。

Experts are blaming **climate change**, saying the ice that took around 2,000 years to form melted in about 25 years.

専門家たちは気候変動を非難しており、形成されるのに2000年ほどかかった氷が、およそ25年で溶けてしまったと話している。

□ **form**：**形成する、melt**：**溶ける、融解する**

Climate justice means recognizing and addressing the fact that marginalized communities will feel the worst impacts of climate change.

気候正義とは、社会の主流から取り残されたコミュニティが気候変動による最悪の影響を受けるという事実を認識し、それに対処することである。

□ **marginalized**：**疎外された、取り残された**

81	**deforestation**	[diːfɔ̀ːristéiʃən]	森林伐採
82	**ecofriendly**	[ˈiː.kəʊfrend.li]	環境に優しい、環境に配慮した
83	**endangered species**	[indéindʒərd spíːʃiːz]	絶滅危惧種
84	**energy-saving**	[énərdʒi séiviŋ]	省エネの
85	**fuel-efficient**	[fjúːəl ifíʃənt]	燃費のいい、低燃費の
86	**gas-guzzling**	[gǽs gʌzʌlɪŋ]	燃費の悪い、ガソリンを大量に消費する
87	**global warming**	[glóubəl wɔ́rmiŋ]	地球温暖化
88	**go green**	[góu grin]	環境に配慮した行動をとる

While **deforestation** has slowed down, the need to combat climate change is still dire.

森林破壊のスピードが落ちたとはいえ、気候変動との戦いは依然として切迫した状況だ。

☐ combat：～と戦う、～に対抗する ☐ dire：緊急の、切迫した

She has developed a way to extract the fiber and starch from the rinds and seeds of the famously stinky fruit to create an **ecofriendly** packaging.

彼女は、臭いことで有名な果物の皮と種から繊維とでんぷんを抽出し、環境にやさしいパッケージを作る方法を開発した。

☐ fiber：繊維 ☐ starch：でんぷん ☐ rind：（樹木、果物、ベーコンなどの硬い）皮、外皮

We recognize the importance, that protecting marine mammals and several of the **endangered species**.

私たちは、海洋哺乳類や絶滅危惧種を保護することの重要性を認識している。

Between 2009 and 2014, the Energy Department provided loans and grants toward the development of electric vehicles and **energy saving** technology.

2009年から2014年にかけて、エネルギー省は電気自動車や省エネ技術の開発に向けて融資や補助金を提供した。

The Toyota Prius sent car shoppers racing to dealerships, as gasoline price spiked and a recession had them looking for **fuel-efficient** alternatives.

トヨタのプリウスは、ガソリン価格の高騰と不況によって燃費のいい車を求めていた消費者を販売店に殺到させた。

☐ spike：急上昇する

Some drivers have already begun to openly question the impact flying around the globe to drive **gas-guzzling** race cars is having on the planet.

すでに一部のドライバーは、ガソリンを大量に消費するレースカーを走らせるために世界中を飛び回ることが、地球に与える影響について公然と疑問をていし始めている。

☐ openly：率直に、公然と

The goal of the Paris Agreement was to limit **global warming** and avoid its most catastrophic consequences.

パリ協定の目的は、地球温暖化を抑制し、その最も壊滅的な影響を回避することであった。

☐ catastrophic：壊滅的な

The city plans to encourage residents to **go green** by passing out about 2,000 reusable bags at grocery stores and city facilities.

市は、食料品店や市の施設で約2,000個の再利用可能なバッグを配り、住民にエコを奨励することを計画してる。

☐ pass out：（無料のものを）配る

最新キーワード

89	**green product** [grin prάdəkt]	エコ商品、環境にやさしい製品
90	**greenwashing** [gríːnwὰʃiŋ]	グリーンウォッシング ▽上部だけ環境保護に熱心に見せること
91	**recyclable** [riːsaikələbəl]	リサイクル可能な、再生利用可能な
92	**renewable energy** [rinúəbl énərdʒi]	再生可能エネルギー
93	**single-use** [síŋgl júːs]	使い捨ての
94	**sustainable** [səstéinəbl]	持続可能な
95	**net zero** [nét zíərou]	ネットゼロ ▽温室効果ガスの排出が実質ゼロであること
96	**upcycling** [ʌpˌsaɪ.klɪŋ]	アップサイクリング ▽廃棄物や不用品を新しい材料や製品に作り替えること

With today's focus on the environment, **green products** are moving quickly from the drawing board to store shelves.
環境問題に注目が集まるなか、環境にやさしい製品は、図面から店頭に並ぶまでが早い。

□ ace：（試験などで）高得点を取る

There must be zero tolerance for **greenwashing**, where a company might falsify the actual climate change impact of its investment in natural climate solutions.
企業が気候変動対策に投資する際に、実際の気候変動への影響を偽るようなグリーンウォッシングは、絶対に許されない。

□ zero tolerance：小さな悪事でも厳しく罰すること　□ falsify：～を偽る

This biobattery uses **recyclable** materials, such as sugar and enzymes.
このバイオ電池は、砂糖や酵素といったリサイクル可能な素材を使用している。

□ enzyme：酵素

Over the past 15 years, the UAE has invested $40 billion in **renewable energy** and clean technology globally, according to the Atlantic Council think tank.
シンクタンクのアトランティック・カウンシルによると、過去15年間、UAEは再生可能エネルギーとクリーンテクノロジーに世界全体で400億ドルを投資してきた。

Single-use plastics are also accelerating climate change, as most are derived from fossil fuels and produce emissions at every stage of their lifecycle.
使い捨てプラスチックはそのほとんどが化石燃料を原料としており、ライフサイクルのあらゆる段階で排出されるため、気候変動を加速させている。

□ derive A from B：AをBから得る

One side of that is the growth in more **sustainable** aviation fuels made from a variety of sources: waste oils, vegetable oils, algae, and so on.
そのひとつが、廃油、植物油、藻類などさまざまな原料から作られる、より持続可能な航空燃料が増えていることだ。

□ algae：藻類

Nearly all of Africa's 54 countries have signed the Paris Agreement on climate change, and many have committed to reach **net zero** by 2050.
アフリカの54カ国のほぼすべてが気候変動に関するパリ協定に署名し、多くの国が2050年までにネットゼロを達成することを約束している。

□ commit to：～を約束する

If you've got sewing prowess and are up for a challenge, you can try **upcycling** pieces at home, creating something new from used clothes.
裁縫が得意でチャレンジ精神が旺盛な方は、自宅で古着から新しいものを生み出すアップサイクルに挑戦してみてはいかがでしょうか。

□ prowess：優れた能力　□ up for a challenge：チャレンジ精神のある

Part 2

ニュース頻出語句

時事英語頻出の語句を5つのジャンルに分けて紹介。
英語ニュースや英字新聞など「生きた英語」を学ぶ最初のステップとして
このパートをマスターしましょう。

2024年11月に行われるアメリカの大統領選挙。
昨年11月にはその前哨戦ともいえる中間選挙が行われ、下院では野党の共和党が僅差で多数派を奪還。一方、上院では無所属の議員も会わせて民主党が多数派を維持しました。
これからますます活発になる大統領選挙の流れを重要ワードで見てみましょう。

2024年
1月～6月

Caucus／Presidential Primary

党員集会／予備選挙

各党の公認候補を決めるために行われる州ごとの選挙。1月にアイオワ州から始まり、約半年間に渡って全州で行われる。複数の州が集中する3月の第2火曜日は**スーパーチューズデー**として知られている。

☐ Super Tuesday：スーパーチューズデー

2024年
7月

National Convention

全国党大会

各州の党員集会・予備選挙の結果を受けて党の大統領候補と副大統領候補がこの場で正式に指名される。全ての州で党員集会や予備選挙が行われる現在では、事前に候補者が定まっており党大会は指名決定のセレモニーの意味合いが強い。

2024年
11月5日

Election Day

投票日

有権者の投票によって選ばれるのは大統領ではなく、人口などに応じて各州に割り振られた**選挙人**。ほとんどの州では投票で1位になった候補が選挙人を総取りする。選挙人は全米で538人。過半数となる270人以上を獲得した候補が正式に大統領に選出される。

☐ elector：選挙人

2025年
1月20日

Presidential Inauguration

大統領就任式

新大統領による**就任宣誓**や就任演説などが行われる式典。アメリカ合衆国憲法により大統領の任期は1月20日の正午に終了するとされており、正午から次期大統領の任期が始まる。

☐ oath of office：就任宣誓

アメリカの大統領選挙は4年に一度、近年では2020年を除いて夏季オリンピック・パラリンピックと同じ年に行われている。有権者は、事前に登録を行った18歳以上のアメリカ国民。投票日は連邦法によって定められた、「11月の第一月曜日の翌日」。2024年は11月5日が投票日となる。
選挙人の総数によって選挙結果が決まるため、総得票数とは違った結果になることも。2016年の大統領選挙では総得票数では民主党のクリントン氏が200万票以上多かったものの、選挙人の数でトランプ氏が上回ったため、トランプ氏の勝利となった。

アメリカ大統領選挙の流れ

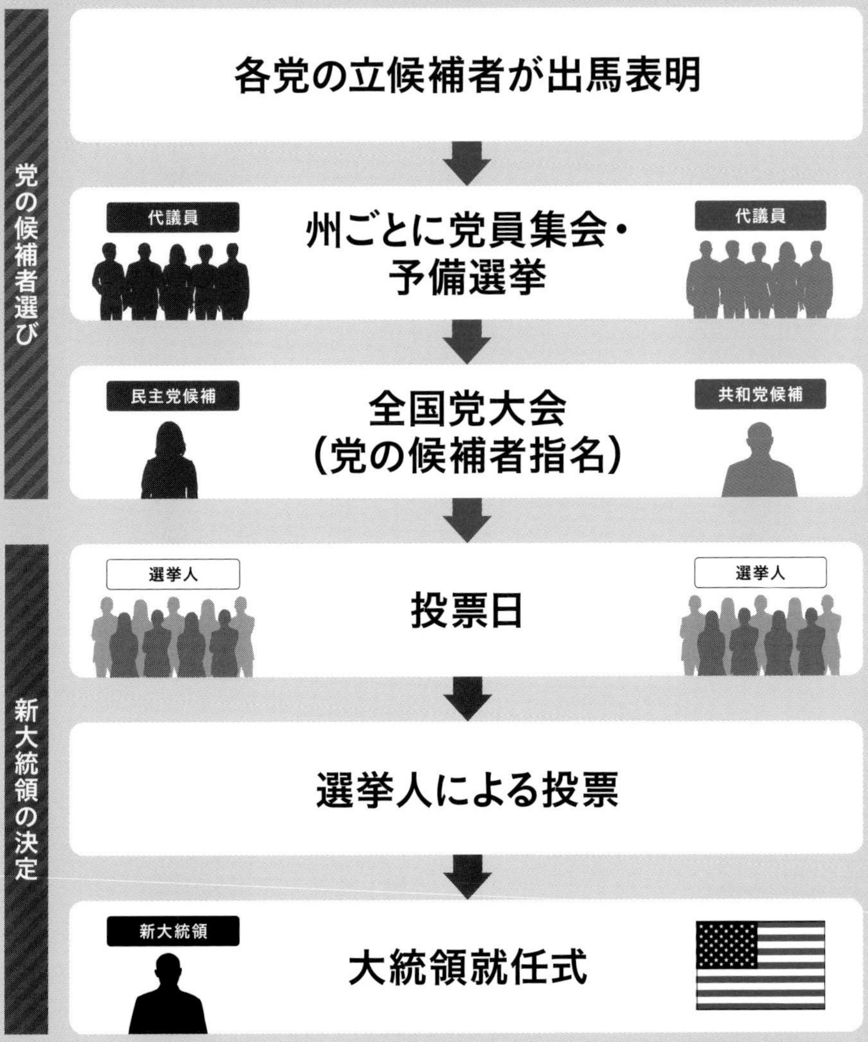

97	**administration** [ədmìnistréiʃən]	政権、行政
98	**agreement** [əgríːmənt]	(公式・非公式の) 協定
99	**bill** [bíl]	法案 ▽submit a bill：法案を提出する
100	**bureaucrat** [bjúrəkræ̀t]	官僚、内閣
101	**cabinet** [kǽbənit]	閣僚
102	**communism** [kámjənìzəm]	共産主義、共産主義体制
103	**constitution** [kànstətúːʃən]	憲法
104	**corruption** [kərʌ́pʃən]	汚職、腐敗

Suu Kyi is barred by the Constitution from being president, but she will hold a senior role in the **administration**.

スーチー氏は大統領になることを憲法によって禁じられているが、彼女は政権において幹部的な役目を担うことになっている。

□ bar：〜を禁止する □ senior：上級の

The free-trade **agreement** was reached after months of negotiations and will gradually remove most tariffs on food, medicine, cosmetics, and other goods

この自由貿易協定は数カ月にわたる交渉の末に成立し、食品、医薬品、化粧品などの関税のほとんどが段階的に撤廃されることとなった。

□ reach：(協定などを) 結ぶ、締結する □ trariff：関税

The governor of the U.S. state of California has just signed a **bill** banning a sports-team name that many find offensive.

米国カリフォルニア州の知事は、多くの人が不快に思うスポーツチームの名称を禁止する法案に署名したところだ。

□ offensive：不快な、不愉快な

Mr. Orbán said European **bureaucrats** and Ukraine's president were some of the many opponents he overcame at the polls.

オルバン氏は、欧州の官僚とウクライナの大統領は、選挙で打ち勝った多くの敵対者の一部であると述べた。

□ opponent：敵対者、反対者 □ the polls：投票、選挙

The president, prime minister and **cabinet** all resigned on Thursday under pressure from Houthi rebels.

大統領、首相、そして閣僚全員が、反政府勢力フーシ派の圧力を受けて木曜日に辞職した。

□ resign：辞任する、辞職する □ under pressure from：〜から圧力をうけて

For 28 years, the Berlin Wall symbolized the struggle between capitalism and **communism**, and the cruel division between the people of East and West Berlin.

28年間、ベルリンの壁は資本主義と共産主義の争いの象徴であり、残酷にも東西ベルリン市民を分断するものだった。

□ symbolize：〜を象徴する □ capitalism：資本主義 □ cruel：残酷な、無慈悲な

Japan's pacifist **constitution** means it can't use armed force.

日本の平和主義憲法は、武力を行使できないことを意味している。

□ pacifist：平和主義の

She won a landslide victory with the promise of fixing systemic problems behind poverty and **corruption**.

彼女は、貧困と汚職の背後にある制度問題の解決を約束し、地滑り的な勝利を収めた。

□ landslide victory：地滑り的勝利 □ systematic：制度的な □ poverty：貧困

105	**democracy** [dimɑ́krəsi]	民主主義、民主主義国家
106	**dictator** [díkteitər]	独裁者
107	**dissident** [dísidənt]	反体制派
108	**governor** [gʌ́vərnər]	州知事、知事
109	**head of state** [héd əv steit]	国家元首、政府首脳
110	**inauguration** [inɔ̀ːgjəréiʃən]	就任式
111	**lawmaker** [lɔ́ːmeikər]	（立法府の）議員
112	**minister** [mínəstər]	大臣 類 secretary〈主に米〉

We really need a global response to the decline of **democracy** and to fight against the rise of authoritarianism.

私達は民主主義の衰退と独裁主義の台頭に対抗するため、グローバルな対応が本当に必要だ。

□ authoritarianism：独裁主義、独裁政治

It had been hailed a moment of hope: the fall of longtime **dictator** Muammar Gaddafi.

長期にわたった独裁者ムアンマル・カダフィの失脚は希望の瞬間として歓迎されていた。

□ hail A B：AをBと称賛する。

Zhou Qin is a **dissident** writer who's researched this country's appalling food standards.

周秦は反体制派の作家で、この国のひどい食品基準を研究している。

□ appalling：あきれるほどの、ひどい

California's **governor** blames climate change for hot, dry weather that's fueling the fires.

カリフォルニア州知事は、(近年、同州の森林) 火災を助長している高温で乾燥した天候は気候変動のせいだと非難している。

□ fuel：～を助長する、あおる

And the country's **head of state**, Queen Elizabeth, celebrated Canada Day on Instagram.

そして、国家元首であるエリザベス女王は、Instagramでカナダの日を祝った。

We are just one day away from the **inauguration** of an American president who has expressed skepticism about global warming.

地球温暖化に対して懐疑的な態度を表明しているアメリカ大統領の就任式まであと1日だ。

□ skepticism：懐疑的態度、疑念

Congressman Paul Mitchell was among a number of Republican **lawmakers** who decried the tweets.

ポール・ミッチェル議員は、このツイートを非難した多くの共和党議員の一人である。

□ congressman：米国連邦議会議員　□ decry：～を公然と非難する

British science **minister** Amanda Solloway says the technology could propel astronauts into space faster.

アマンダ・ソロウェイ英科学大臣は、この技術によって宇宙飛行士をより速く宇宙へ送り出すことができるだろうと述べた。

□ propel：～を推進する　□ astronaut：宇宙飛行士

113	**ministry** [mínəstri]	省 類 department〈主に米〉
114	**opposition** [ɑ̀pəzíʃən]	野党 類 anti-administration party
115	**pacifism** [pǽsəfìzm]	平和主義、反戦主義
116	**parliament** [pɑ́rləmənt]	議会〈主に英〉 類 congress〈主に米〉
117	**patriotism** [péitriətìzəm]	愛国心
118	**petition** [pətíʃən]	請願書、嘆願書
119	**political party** [pəlítikəl pɑ́rti]	政党
120	**president** [prézədənt]	大統領

Japan's justice **ministry** says nearly 11,000 people applied for asylum last year, a record.

日本の法務省によると、昨年は11,000人近くが亡命を申請し、記録的な数字になったそうだ。

□ **asylum：亡命**

The anger it provoked within the **opposition** provoked an interruption of the parliamentary debate about the vaccine pass.

野党から引き起こされたこの怒りは、ワクチンパスに関する国会討論の中断をもたらした。

□ **provoke：～を引き起こす** □ **parliamentary：議会に関する**

It is the latest shift away from the **pacifism** that's dominated Japanese politics since World War II.

これは第2次世界大戦以降、日本の政治の特色であった平和主義から遠のく最新の変革だ。

□ **shift away from：～からシフトする、離れる**

South Korea's **parliament** has voted to allow artists, including, yes, BTS, to postpone their mandatory military service.

韓国の国会は、BTSを含むアーティストが兵役義務の延期を認める票を投じた。

□ **mandatory：義務の** □ **military service：兵役、軍役**

The Chinese Communist Party is celebrating its 100th anniversary with a massive display of pageantry and **patriotism**.

中国共産党は、大規模な演出と愛国心で創立100周年を祝っている。

□ **pageantry：豪華で壮観な儀式や行列**

Thousands are joining her online **petition** asking lawmakers to protect working mothers.

何千人もの人々が彼女のオンライン署名に参加し、働く母親を保護するよう議員に求めている。

Today, it's the largest **political party** in the world, boasting over 80 million members..

現在では、8000万人以上の党員を誇る世界最大の政党となった。

□ **boast：～を（誇りとして）持つ、所有する**

President Volodymyr Zelensky is introducing martial law and urging Ukrainians not to panic.

ヴォロディミル・ゼレンスキー大統領は戒厳令を導入し、ウクライナ人にパニックにならないように呼びかけている。

□ **martial law：戒厳令**

121	**prime minister** [práim mínəstər]	首相〈主に英・カナダ・日本〉 類 chancellor〈ドイツなど〉
122	**referendum** [rèfəréndəm]	国民投票
123	**representative** [rèprizéntətiv]	（主に米国の）下院議員
124	**Republican** [ripʌ́blikn]	共和党員
125	**ruling party** [rú:liŋ pɑ́rti]	与党 類 administration party
126	**senate** [sénət]	上院
127	**senator** [sénətər]	上院議員
128	**veto** [ví:tou]	～に対して拒否権を行使する

He was the favorite candidate as well as outgoing **prime minister** Shinzo Abe's right-hand man for eight years.

彼は本命候補で8年間に渡って、辞任する安倍晋三元首相の右腕だった。

☐ outgoing：辞任する、辞職する

New Zealand prime minister John Key has pledged to hold a **referendum** on changing the national flag if he wins the next election.

ニュージーランドのジョン・キー首相は、もし自分が再選すれば、国旗の変更をめぐって国民投票を行うと約束した。

☐ pledge to do：～すると誓約する。 ☐ national flag：国旗

In the House of **Representatives**, there are currently 222 Democrats, 211 Republicans, and two vacant seats.

下院では現在、民主党222名、共和党211名、空席2名となっている。

CNN spoke with several **Republican** senators, including those in top leadership positions.

CNNは、指導的立場にある議員を含む、複数の共和党上院議員に話を聞いた。

☐ instantly：すぐに、即座に

Japan's **ruling party** is allowing women to attend key political meetings.

日本の与党は、女性（議員）が重要な政治会合に出席することを認めようとしている。

The French Senate has voted to recognize the **State** of Palestine.

フランスの上院がパレスチナ国家の承認を可決した。

Both he and **Senator** Cruz objected to the election results, despite all evidence to the contrary.

彼とクルーズ上院議員は、全ての証拠があるにもかかわらず、選挙結果に異議を唱えた。

☐ object to：～に反対する ☐ to the contrary：それとは反対の

On Wednesday, Governor Jan Brewer **vetoed** the measure, which has fiercely divided public opinion.

水曜日、ジャン・ブリュワー知事は、世論を激しく二分するこの法案に拒否権を行使した。

☐ measure：法案 ☐ fiercely：激しく、ひどく

129	**ballot** [bǽlət]	投票 ▽主に無記名投票のこと
130	**by-election** [bái-ilèkʃən]	補欠選挙
131	**campaign** [kæmpéin]	選挙運動、遊説
132	**candidate** [kǽndədèit]	候補者
133	**constituency** [kənstítʃuənsi]	選挙区
134	**electorate** [iléktərət]	有権者
135	**exit poll** [égzit poul]	出口調査
136	**general election** [dʒénərəl ilékʃən]	総選挙

I've said very strongly that mail-in **ballots** are going to end up being a disaster.
私は、郵送投票は大失敗に終わると強く言ってきた。

□ **end up：最終的に〜になる**

For the first time ever, women cast ballots and ran as candidates in a municipal **by-election**.
市町村の補欠選挙で史上初めて女性が投票し、候補者として立候補した。

□ **municipal：地方自治体の、市政の**

Canadian prime minister Justin Trudeau was already locked in a tight re-election race when his **campaign** took a hit on Wednesday.
カナダのジャスティン・トルドー首相は、再選を狙ってすでに厳しい選挙戦を争っていたが、その選挙活動が水曜日、打撃を受けた。

□ **tight：接戦の**

On October 5th, **candidates** Wilber Medina and José Cornejo came out of the election with 236 votes each.
10月5日、候補者であるウィルバー・メディーナ氏とホセ・コルネホ氏は投票の結果、両者ともに236票ずつ獲得した。

□ **come out of A with B：Bを得てAを終える**

I've come back here to Sedgefield, to my **constituency**, where my political journey began and where it's fitting that it should end.
私はここセッジフィールドに帰ってきました。私の政治の旅が始まった選挙区であり、その旅が終わるのにふさわしい場所でもあります。

□ **it is fitting that：〜ということが適切だ**

Almost 85 percent of the **electorate** voted, the largest turnout ever in Scotland.
有権者の85%近くが投票し、スコットランドでは過去最高の投票率となった。

□ **turnout：投票者数、投票率**

But **exit polls** project the LDP will win more than 300, more than 60 percent of the seats in Parliament.
しかし、出口調査によると自民党は300以上、議席の60%以上を獲得すると予測されている。

□ **LDP=Liberal Democratic Party：自民党** □ **parliament：議会、国会**

Critics say the government is trying to suppress freedom of speech ahead of a **general election**.
批評家は、総選挙を前に政府が言論の自由を抑圧しようとしていると話している。

□ **suppress：〜を鎮圧する、抑圧する**

137	**local election** [lóukəl ilékʃə]	地方選挙
138	**margin** [mɑ́rdʒin]	票差 ▽by a margin of：～の票差で
139	**midterm election** [mídtə́ːm ilékʃə]	中間選挙
140	**opponent** [əpóunənt]	対立候補
141	**presidential election** [prèzədénʃəl ilékʃə]	大統領選挙
142	**runoff** [rʌ́nɔ̀f]	決選投票
143	**tally** [tǽli]	（投票などの）集計
144	**voter** [vóutər]	投票者、有権者

Tunisian-born baker Khamis Seif voted for Abdullahi in the last **local election**.
チュニジア生まれのパン職人、カミス・セイフは、前回の地方選挙でアブドゥラヒに投票した。

Well, the vote in Switzerland was a close-run thing, with just 50.3 percent of the Swiss backing the motion, a **margin** of 30,000 ballots.
さて、今回のスイスの投票（結果）は僅差であった。この動議を支持したのはスイス有権者の50.3%に過ぎず、票差は3万だった。

☐ close-run：小差で決まった、接戦の ☐ back：～を支持する

We are less than eight months away from the US **midterm elections** of 2022.
2022年の米国中間選挙まであと8ヶ月を切った。

My **opponent**, on the other hand, has supported virtually every trade agreement that has been destroying our middle class.
一方で私の対立候補は、我が国の中流層を破壊してきたほぼ全ての通商協定を支持してきた。

☐ virtually：事実上、ほとんど

Congressional investigators are probing how Russia used social media to meddle in the 2016 **presidential election**.
米議会の捜査担当者は、ロシアがソーシャルメディアを使ってどのように2016年の大統領選挙に介入したのかを調べている。

☐ meddle in：～に干渉する

In some countries, a tie in an election would result in a **runoff**, but not in Peru.
一部の国では選挙結果が引き分けの場合に決選投票を行うが、ペルーは違う。

☐ tie：同点、引き分け ☐ result in：～という結果になる

Celebrations broke out on the streets as the **tally** was announced.
集計結果が発表されるや、街ではお祭り騒ぎとなった。

☐ break out：（騒ぎなどが）突然起こる

About a quarter of American **voters** cast ballots absentee by mail in 2016.
2016年、アメリカの有権者の約4分の1が郵便で不在者投票を行った。

☐ absentee：欠席者、不在者

145	**alliance** [əláiəns]	同盟 類 confederation
146	**ambassador** [æmbǽsədər]	大使
147	**diplomat** [dípləmæ̀t]	外交官
148	**diplomatic ties** [dìpləmǽtik taɪz]	国交、外交関係
149	**embassy** [émbəsi]	大使館
150	**envoy** [ɑ́nvɔ̀i]	（政府などの）特使
151	**espionage** [éspiənɑ̀ʒ]	諜報活動 ▽eavesdropping：盗聴
152	**foreign affairs** [fɔ́rin əfέərz]	外交問題

We have also revitalized American diplomacy and strengthened our **alliances**.

私たちはアメリカとの外交を再び活性化させ、同盟諸国との絆を強めた。

□ revitalize：～を生き返らせる □ diplomacy：外交 □ strengthen：～を強化する

Interesting that the French **ambassador** to Japan visited him this week in this detention center, which is highly unusual.

興味深いことに駐日フランス大使が今週、この留置所に彼を訪ねた。これは極めて異例のことだ。

□ detention center：拘置所

Now, a top North Korean **diplomat** based in the UK has defected to South Korea.

さて、トップクラスの駐英北朝鮮外交官が韓国に亡命した。

□ defect：亡命する

China has pressured most of the world to sever formal **diplomatic ties** with Taipei.

中国は世界のほとんどの国に対して、台湾との正式な外交関係を断つよう圧力をかけている。

□ sever：(関係などを) 断つ

This new unrest has caused the U.S. to draw down its **embassy** personnel in Yemen, citing security concerns.

この新たな情勢不安を受け、米国は安全上の懸念を理由に在イエメン大使館の職員数を減らした。

□ unrest：不安・心配 □ draw down：～を減らす、削減する □ cite：(理由として) ～を挙げる

In fact, his business partner has been named the special **envoy** from the Philippines to the United States.

実は、彼のビジネスパートナーが、フィリピンから米国への特使に任命されている。

□ name A B：AをBに任命する

The Russian government has engaged in **espionage** against Americans.

ロシア政府はアメリカ人に対してスパイ活動を行っている。

□ engaged in：～に携わる、を行う

Every decision on trade, on taxes, on immigration, on **foreign affairs** will be made to benefit American workers and American families.

貿易、税金、移民、外交に関するすべての決定は、アメリカの労働者と家族のために行われるでしょう。

□ immigration：移民、入国管理 □ benefit：～を利する、の利益になる

153	**foreign policy**	[fɔ́rin pɑ́ləsi]	外交政策
154	**joint statement**	[dʒɔint stéitmənt]	共同声明
155	**peace treaty**	[píːs tríːti]	平和条約
156	**refugee**	[rèfjudʒíː]	難民 ▽defection：亡命
157	**sanction**	[sǽŋkʃən]	制裁
158	**superpower**	[súːpərpàuər]	超大国
159	**territory**	[térətɔ̀ri]	領土
160	**treaty**	[tríːti]	条約 [類] pact

The alliance between the United States and Japan is a cornerstone of our **foreign policy**.

日米同盟は我が国の外交政策の根幹である。

□ cornerstone：礎石、土台

Talks in Vienna ended today with a **joint statement** calling for the UN to mediate peace talks between the Syrian government and opposition.

ウィーンでの協議は本日、国連にシリア政府と反体制派の和平交渉を仲介するよう求める共同声明を発表し、終了した。

□ mediate：調停する、仲裁する

Tensions have been high between the North and South ever since the Korean War ended 57 years ago without a **peace treaty**.

北朝鮮と韓国の間で緊張が高まっているが、それは57年前、平和条約を結ぶことなく停戦に至った朝鮮戦争以来の状況だ。

□ tensions：緊張

Close to half a million **refugees** and migrants have arrived in Europe.

50万人近い難民と移民がヨーロッパに来ている。

□ close to：～に近い　□ migrant：移民

But under **sanctions** imposed in 2010, the U.S. outlawed imports of Iranian caviar.

しかし、2010年に科された制裁下ではアメリカがイラン産キャビアの輸入を禁止した。

□ outlaw：～を法的に禁止する

A new space race is on, not only for **superpowers** aiming for control but for businessmen looking for profit.

新しい宇宙開発競争は、支配を目指す超大国だけでなく、利益を求める実業家にとっても重要なものだ。

A Belgian farmer has ignited a mild diplomatic standoff by moving his country a few meters into French **territory**.

ベルギーのある農夫が、自国をフランスの領土の中に数メートル動かしたことで、ちょっとした外交的対立を引き起こした。

□ ignite：～に火をつける、を引き起こす　□ standoff：対立

Under that defense **treaty**, the U.S. would defend the islands as it would any other part of Japan in a military conflict.

この防衛条約の下、米国は軍事衝突があった場合、日本の他の地域と同様に島を防衛することになっている。

□ defend：守る、防御する　□ military conflict：軍事衝突

161	**adversary** [ǽdvərsèri]	敵、敵国 類 enemy、hostile
162	**air force** [éər fɔ:rs]	空軍 ▽scramble：緊急発進する
163	**army** [ɑ́rmi]	陸軍
164	**arsenal** [ɑ́rsənəl]	保有兵器
165	**ballistic missile** [bəlístik mísəl]	弾道ミサイル
166	**bomber** [bɑ́mər]	爆撃機
167	**counterterrorism** [kàuntətérə̀:rizəm]	テロ対策、反テロリズム
168	**denuclearization** [dì:njù:kliərəzéiʃən]	非核化

The **adversary** here is China, and it's not long before a Chinese voice calls out over the radio and tells the US plane to leave.

ここでの敵国は中国だ。ほどなくして中国人の呼びかける声が無線に聞こえてきて、米国機に立ち去るよう警告した。

□ call out：叫ぶ、声を上げる □ over the radio：無線で、無線を使って

The airport also has an **air force** base on site.

また、空港内には空軍の基地もある。

Stacy Ashton was a medic in the British **Army** for nearly 14 years.

ステイシー・アシュトンさんは14年近く、イギリス陸軍で衛生兵を務めた。

□ medic：衛生兵

Now, the U.S. and North Korea's neighbors have tried for years through talks and sanctions to convince the North to end its pursuit of a nuclear **arsenal**.

現在、米国と北朝鮮の近隣諸国は協議と制裁を通じて、北朝鮮が核兵器の追求をやめるよう何年もかけて説得してきた。

□ pursuit：追求、探求

Analysts say the concern is, what happens if North Korea were to launch a **ballistic missile** at Seoul or at Tokyo?

識者が懸念しているのは、もし北朝鮮がソウルや東京に向けて弾道ミサイルを発射したらどうなるか、ということだ。

The POWs included the crews of two downed American **bombers**, the Lonesome Lady and the Taloa.

捕虜には、撃墜された2機のアメリカの爆撃機、ロンサム・レディー号とタロア号の乗組員が含まれていた。

□ POW：戦争捕虜 □ down：～を撃墜する、撃ち落とす

The functions of the department are many: it's **counterterrorism**, cybersecurity, it's disaster response and others.

この省の役割はテロ対策やサイバーセキュリティー、災害対応など多岐にわたる。

□ disaster response：災害対応、災害対策

The agreement includes working toward the complete **denuclearization** of the Korean Peninsula.

この合意には、朝鮮半島の完全な非核化に向けて努力することが含まれている。

169	**disarmament** [disɑ́rməmənt]	軍縮、武装解除
170	**dispatch** [dispǽtʃ]	（軍隊などの）派遣
171	**genocide** [dʒénəsàid]	大量虐殺、集団虐殺
172	**military base** [mílətèri béis]	軍事基地
173	**military force** [mílətèri fɔrs]	軍隊、軍事力
174	**national defence** [nǽʃənəl diféns]	国防
175	**national security** [nǽʃənəl səkjúrəti]	国家安全保障
176	**navy** [néivi]	海軍

At Saturday's ceremony, Japan's prime minister appealed for the banning of nuclear weapons, but **disarmament** seems increasingly unlikely.

土曜日の式典で、日本の首相は核兵器の禁止を訴えたが、軍縮の可能性はますます低くなっているようだ。

□ banning：禁止　□ unlikely：ありそうにない、起こりそうにない

I also appreciate Japan's **dispatch** of two naval vessels to the Gulf of Aden to help fight this scourge of piracy.

私はこの海賊の脅威と戦うために、日本がアデン湾に2隻の海軍艦艇を派遣したことを高く評価している。

□ naval vessel：海軍艦艇　□ scourge：災難　□ piracy：海賊行為

Well, the man who saved hundreds of Rwandans during the 1994 **genocide** is now under arrest on terrorism charges.

さて、1994年の大虐殺の際に何百人ものルワンダ人を救った男が、現在テロ容疑で逮捕されている。

□ on ～ chages：～の容疑で

In Japan, a rise in COVID-19 cases on US **military bases** is straining ties in an already troubled relationship between the two countries.

日本では米軍基地で新型コロナウイルスの感染者が増加し、すでに問題のあった二国間の関係に緊張が走っている。

□ strain：（関係などを）緊張させる、悪くする　□ troubled：問題を抱えた

The island hosts most of the U.S. **military forces** in the country.

この島には、在日米軍のほとんどが駐留している。

I think we ought to seriously consider, with the exceptions of caring for our veterans, **national defense** and several other vital issues.

退役軍人のケア、国防、その他いくつかの重要な問題を除いて、私たちは真剣にそれを考えるべきだと思う。

□ ought to：～すべきである

She was deputy **national security** advisor for Iraq and Afghanistan under George W. Bush.

彼女は ジョージ・W・ブッシュ政権下で、イラクとアフガニスタン担当の国家安全保障副顧問を務めた。

□ deputy：代理の、副～

The U.S. **Navy** is locked in a battle with environmentalists over its use of sonar during exercises off the Pacific coast.

アメリカ海軍は、太平洋沿岸での演習中のソナー使用をめぐり、環境保護主義者との間で争いを続けている。

□ absentee：欠席者、不在者

177	**nuclear weapon** [njúkliər wépən]	核兵器 ▽nuclear deterrence：核の抑止力
178	**reinforcement** [rìːinfɔ́rsmənt]	援軍、増援部隊
179	**security force** [səkjúrəti fɔrs]	治安部隊
180	**self-defense force** [sélfdiféns fɔrs]	自衛隊
181	**serviceman** [sə́ːrvismæ̀n]	（男性の）軍人、兵士 ▽servicewoman：女性軍人
182	**truce** [trúːs]	休戦、停戦
183	**veteran** [vétərən]	退役軍人
184	**war crime** [wɔ́r kráim]	戦争犯罪

Pope Francis held Mass in Japan earlier, calling for peace and an end to **nuclear weapons**.

ローマ教皇フランシスコは先ほど日本でミサを執り行い、平和と核兵器廃絶を訴えた。

☐ pope：ローマ法王、教皇 ☐ hold Mass：ミサを行う

We're deploying **reinforcements** of more than 20,000 additional soldiers and Marines to Iraq.

我々は、陸軍兵士と海軍隊員２万人以上の増援部隊をイラクに配備している。

☐ deploy：(軍隊を) 配備する ☐ Marines：米国海兵隊

Pakistani **security forces** are reported as saying that they captured the whole gang they believe carried out the attack.

パキスタンの治安部隊が、襲撃の実行犯とみなす容疑者集団を全員捕捉したと報道された。

As part of the pacifist country's **self-defense force**, their job is to protect the country and respond to natural disasters.

平和主義国の自衛隊として、国を守り、自然災害に対応するのが彼らの仕事だ。

☐ pacifist country：平和国家 ☐ respond to：～に対応する、対処する

Even under the best circumstance[s], **servicemen** and women returning from war face huge challenges transitioning to civilian life.

たとえ最高の状況下にあったとしても、戦争から戻った兵士は市民生活に移行する際、大きな課題に直面する。

☐ servicewoman：(女性の) 軍人、兵士 ☐ civilian：一般市民の

When Chinese President Xi Jinping visited Nepal in 2019, the countries agreed to call a **truce**.

2019年に中国の習近平国家主席がネパールを訪問した際、両国は休戦することに合意した。

☐ tie：同点、引き分け ☐ result in：～という結果になる

The **veterans** are among the great citizens of America, and as you know, since 9/11 they've been bearing a tremendous burden for the rest of us.

退役軍人は、アメリカ国民の中で最も素晴らしい存在だ。知っての通り、9.11以降、彼らは国民のために、とてつもない重荷を背負ってきた。

☐ bear a burden：重荷を背負う ☐ tremendous：とてつもなく大きい

He was one of six former Bosnian Croat leaders found guilty of **war crimes** and crimes against humanity during the Bosnian war.

彼は、ボスニア紛争時の戦争犯罪と、人道に対する罪によって有罪を宣告された、６人のボスニア系クロアチア人の元指導者の１人だった。

☐ crime against humanity：人道に対する罪

185	**bailout** [béɪˌɫaʊt]	(財政的な) 緊急援助、救済措置
186	**capitalism** [kǽpitəlìzm]	資本主義
187	**consumer price** [kənsú:mər práis]	消費者物価
188	**consumer spending** kənsú:mər[spéndiŋ]	消費者支出
189	**deficit** [défəsit]	赤字 ▽go into the red：赤字になる
190	**demand** [kɑ̀nstətú:ʃən]	需要 ▽domestic demand：国内需要、内需
191	**economic crisis** [i:kənɑ́:mik kráisis]	経済危機
192	**economic meltdown** [i:kənɑ́:mik méltdàun]	経済破綻 類 economic collapse

Portugal says it will exit its three-year, $108 billion **bailout** this month without the safety net of backup credit.

ポルトガル政府によれば今月、3年に及んだ1080億ドルの救済措置から（脱却後の）安全策としての予防的信用枠なしで脱却するという。

☐ **safety net：安全策、セーフティーネット**

If **capitalism** in America was a national emergency before COVID, what is it now?

もし、アメリカの資本主義がコロナ渦以前から国家的非常事態にあったというなら、現在の状況はどうなっているのだろうか。

Yet those cuts present new challenges, like rising **consumer prices**, making life even less affordable for many who call this city home.

しかし、こうした削減は消費者物価の上昇など新たな課題をもたらしており、この都市を故郷と呼ぶ多くの人々にとって、生活はいっそう苦しくなっている。

☐ **affordable：手頃な**

The Credit Finance Association says 57 percent of all **consumer spending** over the past year was done by credit card, and it's expected to rise.

与信金融協会によると、この1年の個人消費の57%がクレジットカードで支払われたとのことで、今後さらに増えると予想される。

We must make the hard choices to reduce the cost of health care and the size of our **deficit**.

私たちは、医療費と財政赤字を削減するために、厳しい選択をしなければならない。

And researchers say that that number is expected to almost double by 2030 just to meet growing **demand** for energy.

研究者によると、高まるエネルギー需要を満たすためだけに、その数は2030年までにほぼ倍になると予測されている。

☐ **meet demand for：～の需要を満たす**

The number of billionaires has doubled since the **economic crisis** began, to 1,645 people.

経済危機が始まってから億万長者の数は倍増し、1,645人になった。

☐ **billionaires：億万長者、大富豪**　☐ **double：2倍になる、倍増する**

And for the first time since the financial crisis, "**economic meltdown**" is not, actually, on the top of this list.

そして金融危機後初めて「経済破綻」がリストの最上位に来なかった。

193	**economic sanction**	[iːkənɑ́ːmik sǽŋkʃən]	経済制裁
194	**GDP**	=gross domestic product	国内総生産
195	**IMF**	=International Monetary Fund	国際通貨基金
196	**international market**	[ìntərnǽʃənəl mɑ́rkit]	国際市場、海外市場 ▽foreign exchange market：外国為替市場
197	**market price**	[mɑ́rkit práis]	市場価格
198	**migrant worker**	[máigrənt wə́ːrkər]	出稼ぎ労働者、移民労働者
199	**monopoly**	[mənɑ́pəli]	（市場の）独占
200	**price fixing**	[práis fíksiŋ]	価格操作

Economic sanctions could have a profound effect on Russia and hit many people here in this country.

経済制裁はロシアに深刻な影響を及ぼし、この国の多くの人々に打撃を与えるかもしれない。

☐ profound：大規模な

GDP, the most used measure of any country's growth, is an indication.

GDPは、どの国であれ経済成長を測るのに最もよく使われる指数であり、1つの目安となる。

☐ indication：目安、指標

The **IMF** predicts the GDP will contract by 3 percent this year.

IMFは、今年のGDPは3%縮小すると予測している。

☐ contract：縮小する、収縮する

She's the president of **international markets** for credit-card giant MasterCard.

彼女はクレジットカード業界大手マスターカードの国際市場担当プレジデントです。

We are concerned because our margins are very limited; we go by the **market prices**.

私たちが心配しているのは、利幅が非常に小さくなっているからです。私たちは市場価格に基づいて商品の値段を決めていますから。

☐ margin：利幅　☐ go by：～に基づく、従う

But some labor activists say just getting to this hall isn't enough to truly represent the needs of **migrant workers**.

しかし、労働活動家の中には、この会場に行くだけでは、真に移民労働者のニーズを代弁するには不十分だと言う人もいる。

☐ represent：～を表す、示す

Now, it's a significant day in Mexico, as the government there is ending its decades-old **monopoly** on the energy sector.

さて、今日はメキシコにとって重要な日だ、同国政府が数十年前から続くエネルギー部門の独占を終えるのだ。

☐ decades-old：数十年前から続く

BP has agreed to pay massive penalties to settle a string of investigations in the U.S., from offenses from safety failings to illegal **price fixing**.

BPは、安全性の過失や違法な価格操作に至るまで、米国における一連の調査を解決するため、巨額の罰金を支払うことに同意した。

☐ settle：～を解決する　☐ a string of：一連の　☐ offense：罪、違反

201	**price rise** [práis ráiz]	値上がり、物価上昇
202	**price-competitive** [práis kəmpétətiv]	価格競争力のある
203	**protectionism** [prəték∫ənìzəm]	保護貿易主義
204	**supply** [səplái]	供給
205	**surplus** [sə́ːrplʌs]	黒字 ▽go into the black：黒字になる
206	**tariff** [tǽrif]	関税
207	**trade deficit** [tréid défəsit]	貿易赤字
208	**trading partner** [tréid pɑ́rtnər]	貿易相手国

Many of the biggest **price rises** were in Asia.
最も大きな値上がりをしたのは、多くがアジアだった。

Uniqlo is coming to the U.S. at a time when the market is flooded with retailers who are trying to be both fashion-forward and **price-competitive**.
ユニクロは、流行に敏感で価格競争力のあるブランドが衣料小売市場にあふれている時期に、アメリカへ進出しようとしている。

☐ flood A with B：AをBであふれさせる ☐ fashion-forward：流行に敏感な

Some auto analysts fear rising **protectionism** could hamper Hyundai's path.
保護政策の拡大が、ヒュンダイの成長の妨げになると懸念する自動車業界アナリストもいる。

☐ hamper：～を防げる、の邪魔をする

Instead, the WEF thinks that a shrinking **supply** of fresh water is probably the greatest potential threat in terms of impact.
それに代わって、WEFの予測では新鮮な水の供給不足が、影響の大きさという観点からは恐らく最大の潜在的脅威となるとされる。

☐ shrink：～が減少する ☐ in terms of：～の点から見ると

It has been two and a half years since America had a **surplus** in advanced technology products.
アメリカが先端技術製品で2年半ぶりに黒字となった。

☐ advanced：進んだ、進歩した

He has suggested and proposed instituting a 35 percent **tariff** on goods imported from Mexico and China to this country.
彼はメキシコと中国からの輸入品に対する関税を35%に定める意向を示し、提案した。

☐ institute：～を制定する

The U.S. has a $68.8 billion **trade deficit** with Japan.
米国は日本に対して688億ドルの貿易赤字を抱えている。

South Africa's largest **trading partner** is no longer the United States but actually China.
南アフリカの最大の貿易相手国はもはや米国ではなく、実のところ中国である。

☐ no longer：もはや～ない

209	**ailing** [éiliŋ]	（景気などが）落ち込んでいる
210	**bankruptcy** [bǽŋkrʌp (t) si]	破産、倒産 ▽go bankrupt：破産する
211	**bear market** [búːmiŋ ikánəmi]	弱気相場、下げ相場
212	**booming economy** [búːmiŋ ikánəmi]	好景気 類 strong economy
213	**consumption** [kənsʌ́mpʃən]	消費、消費量
214	**correction** [kərékʃən]	（株価などの）反落
215	**deflationary spiral** [difléiʃənèri spáirəl]	デフレスパイラル
216	**down economy** [dáun ikánəmi]	景気停滞、不景気

National security was not a major campaign issue; voters focused almost exclusively on the **ailing** economy.

国家安全保障は今回の選挙の大きな争点ではなかった。有権者の関心が集まったのは、ほとんどもっぱら長引く不況に対してであった。

□ exclusively：もっぱら、全くの □ issue：論点

Dozens of small and midsize US oil companies are now facing **bankruptcy**.

現在、米国の石油関連の中小企業数十社が破産の危機に直面している。

□ small and midsize company：中小企業

There are, of course, many who say this week was the start of a bear market, others who say it was merely a blip.

もちろん、今週は弱気相場の始まりだったという意見が多数を占める。一方で、これは一時的急落にすぎなかったという意見もある。

□ blip：一時的上昇、一時的下降

China's **booming economy** has prompted the government to go abroad in search of natural resources.

中国の好景気は、政府が天然資源を求めて海外に進出することを促している。

□ in search of：～を探し求めて

The U.N. Food and Agriculture Organization says world beef **consumption** is increasing the most in East Asia and the Pacific, driven by demand in China.

国連食糧農業機関によると、世界の牛肉消費量は、中国の需要に牽引され、東アジアおよび太平洋地域で最も増加している。

□ drive：～を促進する、推進する

But some warn this crypto rally is just a big bubble and will lead to a painful **correction**.

だが今回の暗号通貨の反騰はただの巨大なバブルでやがて手痛い反落につながるだろうと警告する人もいる。

□ rally：（株価などのの）反騰

Japan adopted the zero interest rate policy in 1999 to stop the country's **deflationary spiral**.

日本は1999年にデフレスパイラルに歯止めをかけるため、ゼロ金利政策を採用した。

How do you motivate everybody in this type of **down economy**?

このような不景気の中で、皆のモチベーションを上げるにはどうしたらいいのでしょうか？

□ motivate：～に動機を与える

217	**economic expansion** [iːkənɑ́ːmik ikspǽnʃən]	景気拡大
218	**economic measures** [iːkənɑ́ːmik méʒərz]	景気対策、経済措置
219	**economic recovery** [iːkənɑ́ːmik rikʌ́vəri]	景気回復
220	**economic slump** [iːkənɑ́ːmik slʌ́mpt]	経済不振、不況
221	**plummet** [plʌ́mət]	（物価・株価などが）急落する 類 plunge、nosedive
222	**price of commodity** [práis əv kəmɑ́dəti]	物価、商品価格
223	**privatize** [prədʒékʃən]	～を民営化する ▽postal service privatization：郵政民営化
224	**projection** [prədʒékʃən]	（将来の）見通し、予測

Well, China's rapid **economic expansion** has raised the standard of living for much of the country's population.

さて、中国は急速な景気拡大により、国民の多くが生活水準を向上させた。

□ standard of living：生活水準

Desperate economic times call for desperate **economic measures**.

絶望的な景気の時代に求められるのは、懸命な景気対策だ。

□ desperate：絶望的な、必死な　□ call for：～を要求する

And while our **economic recovery** is not yet complete, we are heading in the right direction.

さらに、景気回復はいまだ道半ばだが、われわれは正しい方向へと向かっている。

Many are looking for stability during the current **economic slump**, a test for South Korea's active Christian community.

多くの人々は、現在の経済不況の中で安定を求めており、韓国の活発なキリスト教社会にとっては試練となっている。

□ stability：安定、安定性

Oil prices **plummeted** and dragged down global stock markets with them.

原油価格が急落し、世界の株式市場もそれに引きずられるように下落した。

□ drag down：～を引きずりおろす、を低下させる

The workers fueling China's rapid economic growth are feeling the pinch of higher **prices of commodities**.

中国の急速な経済成長を活気づけている労働者たちは、物価上昇により苦しんでいる。

□ feel the pinch of：～の苦しみを味わう

She also **privatized** many companies with names that start with "British," from Airways to Petroleum to Telecom.

彼女はまた、「ブリティッシュ」の名を冠した企業を多数民営化した。航空会社、石油会社、通信会社などが主な例だ。

□ start with：～から始ま

He says Cirque is adding more shows this year despite the dire **projections** for the economy.

シルク（サーカス）は今年、先行き不透明な経済状況もかかわらずより多くのショーを追加していると彼は話している。

□ dire：先行き不安な

225	**public investment**	[pʌ́blik invés (t) mənt]	公共投資
226	**recession**	[riséʃən]	景気後退、不況 ▽prolonged recession：長引く不況
227	**recession-proof**	[riséʃən prúːf]	不況知らずの、不況に強い
228	**ripple effect**	[rípl ifékt]	波及効果
229	**soar**	[sɔ́r]	(物価などが) 急上昇する 類 surge、skyrocket
230	**stagnation**	[stæɡnéiʃən]	(経済、景気などの) 低迷、不振
231	**synergy**	[sínərdʒi]	相乗効果
232	**the Great Depression**	[ðə ɡréit dipréʃən]	世界恐慌

There's a lot of in **public investment**, which is really the specialty of my organization.

公共投資はたくさんあるが、それはまさにわが組織の得意とすることだ。

☐ specialty：特質、特徴

Once an economic powerhouse, its economy's now suffering its worst **recession** in years.

かつては経済大国であったが、現在ではここ数年で最悪の不況に見舞われている。

☐ economic powerhouse：経済大国

It's an industry often referred as **recession-proof**, but even the funeral industry is feeling the effects of the economic slowdown.

「不況知らず」とよく言われる業界だが、その葬儀業界でさえ景気後退のあおりを受けてる。

☐ refer to A as B：AをBと呼ぶ　☐ funeral：葬儀

The Supreme Court decision to reverse Roe is having **ripple effects** right across the country.

連邦最高裁のロー対ウェイド裁判を覆した判決が国中に波及効果をもたらしている。

☐ reverse：(判決などを) 覆す、無効にする

Mr. Macron is facing a slew of economic challenges, including **soaring** energy prices.

マクロン大統領は、エネルギー価格の高騰をはじめ、多くの経済的な課題に直面している。

☐ a slew of：たくさんの、おびただしい数の

She says the **stagnation** in the labor market is taking a mental and physical toll on those less educated women.

彼女によれば、労働市場の不信が、そうした教育水準がそれほど高くない女性たちに精神的、身体的な負担をかけているとのことだ。

☐ the labor market：労働市場　☐ take a toll on：～に負担をかける

At the same time, we need to make sure, even though you keep the different identities, that you develop the **synergy**.

そうした独自性を保ちつつも、同時にしっかりと相乗効果を育んでいく必要がある。

☐ identity：独自性、固有性

Two years after **the Great Depression**, in 1931, our company started to manufacture radio receiver set[s].

世界恐慌から2年後の1931年、当社はラジオ受信機セットの製造を開始した。

233	**budget cut** [bʌ́dʒət kʌ́t]	予算削減
234	**budget deficit** [bʌ́dʒət défəsit]	財政赤字
235	**consumption tax** [kənsʌ́mpʃən tǽks]	消費税
236	**corporate tax** [kɔ́rpərət tǽks]	法人税
237	**direct tax** [dərékt tǽks]	直接税
238	**expenditure** [ikspénditʃər]	歳出 ▽revenue：歳入
239	**income tax** [ínkʌm tǽks]	所得税
240	**pension** [pénʃən]	年金

Deep **budget cuts** have hit hospitals hard, including Ines's classmates at nursing school.

大規模な予算削減が、イネスさんの看護学校のクラスメートも含め、各病院に大打撃を与えている。

☐ hit ~ hard：～に大打撃を与える

And Alan Greenspan's recommending desperate measures to curb the massive U.S. **budget deficit**.

そして、アラン・グリーンスパン議長が推奨する必死の策は、米国のばく大な財政赤字を抑制するのが目的だ。

☐ curb：～を抑制する

Now, you did recently double **consumption tax** to try and meet the short-term fiscal needs of Japan.

さて、あなたは最近、日本の短期的な財政需要に応えるために消費税の2倍増税に踏み切りましたね。

☐ fiscal：会計の、財務上の

U.S. multinationals Starbucks, Google and Amazon have been accused of not paying enough **corporate tax** in the UK.

米国の多国籍企業であるスターバックス、グーグル、アマゾンは、英国で十分な法人税を納めていないと非難されている。

☐ multinational：多国籍企業 ☐ be accused of：～を非難される

High gas and heating bills act like a **direct tax** on consumers, taking away money that would otherwise be spent at restaurants and stores.

ガス代や暖房費の高騰は、消費者にとって直接税のようなもので、レストランやお店で使うはずのお金を奪ってしまう。

☐ take away：～を取り上げる、奪い去る

We cannot achieve the primary balance by 2020, so we have to further reduce **expenditures**.

2020年までにプライマリーバランスを達成することはできないため、さらに歳出を減らしていかなければならない

☐ primary balance：プライマリーバランス

Under my plan, 97 percent of small businesses would not see their **income taxes** go up.

私の計画では97%の中小企業では所得税の増加は起こらない。

☐ go up：上がる、高くなる

I get a **pension** now from British Airways, but I can't survive on it, unfortunately.

私は今はブリティッシュ・エアウェイズから年金をもらっているが、残念ながらそれだけでは生きていけない。

☐ unfortunately：残念ながら、不幸にも

241	**pensionable age** [pénʃənəbəl éidʒ]	年金受給資格年齢
242	**property tax** [prápərti tǽks]	固定資産税
243	**tax cut** [tǽks kʌ́t]	減税
244	**tax increase** [tǽks ínkriːs]	増税
245	**tax reform** [tǽks rifɔ́rm]	税制改革
246	**tax relief** [tǽks rilíːf]	減税、税金控除
247	**tax return** [tǽks ritə́ːrn]	納税申告書、確定申告書
248	**taxpayer** [tǽkspèiər]	納税者

Jeanette is 64 years old, past Britain's **pensionable age**, which is 60 for women, 65 for men.

ジャネットは64歳。英国の年金支給開始年齢は女性が60歳、男性が64歳だがすでにその年齢をすぎている。

Our system, as you know, is funded by **property taxes**.

ご存じのように、私たちのシステムは固定資産税によって賄われている。

□ fund：～によって資金を提供する

For the sake of job growth, the **tax cuts** you passed should be permanent.

雇用増加のために、あなたが可決した減税は恒久的なものにすべきだ。

□ for the sake of：～のために □ permanent：永久的な、永続的な

Unless you act, Americans face a **tax increase**.

あなたが行動しない限り、アメリカ人は増税に直面する。

□ unless：～でない限り、もし～でなければ

So we kind of have a different political environment today that makes **tax reform**, along with a lot of other things, harder to do.

今は、なんというか以前の政治環境とは違い、税制改革の実施も他の多くのことと同様難しくなっている。

□ kind of：なんというか、まあ □ along with：～と一緒に、共に

My view is that we ought to provide **tax relief** to people in the middle class.

私は中流層への減税を実施すべきだと考えている。

□ ought to do：～すべきだ

For 40 years, everyone running for president has released their **tax returns**.

過去40年間、大統領に立候補した人は皆、納税申告書を公開していた。

□ ignite：～に火をつける、を引き起こす □ standoff：対立

The study estimates that costs California **taxpayers** $86 million a year in healthcare and welfare for Wal-Mart workers.

この調査の見積もりによれば、ウォルマートの従業員に対する医療費や福祉費用として、カリフォルニア州の納税者に年間8600万ドルの負担がかかっているという。

□ healthcare：医療

249	**bank account** [bǽŋk əkáunt]	銀行口座 ▽account balance：口座残高
250	**brokerage firm** [bróukəridʒ fə́ːrm]	証券会社
251	**checking account** [tʃékiŋ əkáunt]	当座預金口座 ▽手形や小切手の支払いに使われる口座
252	**collateral** [kəlǽtərəl]	担保
253	**creditor** [kréditər]	債権者
254	**debtor** [détər]	債務者
255	**default** [difɔ́lt]	債務不履行、返済不能
256	**deposit** [dipázit]	～を預金する

Thieves have found a new way to tap into consumers' **bank accounts**.

泥棒が消費者の銀行口座に侵入する新たな方法を発見した。

☐ **tap into：～に入り込む、侵入する**

It was the first time the U.S. Equal Employment Opportunity Commission had taken a **brokerage firm** to court for gender bias.

米国雇用機会均等委員会が証券会社をジェンダー・バイアスで裁判にかけるのは初めてのことであった。

Thieves stole more than $2 billion from the **checking accounts** of those people across the country.

窃盗犯たちは、全国の被害者たちの当座預金口座から、20億ドル以上を盗み出した。

☐ **across the country：国中に、全国で**

Graheen doesn't require **collateral** or high credit scores, but it does demand accountability.

グラミン（銀行）は担保や高い信用格付は求めませんが、説明責任を要求します。

☐ **credit score：信用格付**　☐ **accountability：説明責任**

Sharon Jones has a pile of letters from **creditors** demanding payments for bills that are not hers.

シャロン・ジョーンズさんのもとには債権者から届いた大量の手紙があり、彼女の身に覚えのない請給書への支払いを要求するのだ。

☐ **a pile of：山積みの、多量の**　☐ **bill：請求書、勘定書**

As for the **debtors** we met earlier, some paid everything off, others are still working on it, and all meet regularly to prevent a relapse.

先ほど会った債務者については、すべて完済した人もいれば、まだ取り組んでいる人もいて、全員が再発防止のためのミーティングを定期的に行っている。

☐ **as for：～に関しては**　☐ **relapse：（病気の）ぶり返し、再発**

In April, the level of **defaults** forced mortgage company New Century Financial to file for bankruptcy.

4月には、債務不履行係数（の増加）によって、住宅ローン会社のニューセンチュリー・フィナンシャルが破産申請を余儀なくされた。

☐ **file for bankrupcy：破産を申請する**

After selling his goats, Simon visits his local M-PESA, or mobile money store, to **deposit** the cash.

ヤギを売った後、サイモンは近所のM-PESA（モバイル・マネー・ストア）を訪れ、現金を預けた。

257	**depositor** [dipázətər]	預金者
258	**derivative** [dirívətiv]	金融派生商品 ▽株式、債券、為替などの原資産から派生してできた金融商品。先物取引などのこと。
259	**dividend** [dívidènd]	配当金、預金利子
260	**financial crisis** [fənǽnʃəl kráisis]	金融危機 ▽financial policy：金融政策
261	**financial institution** [fənǽnʃəl ìnstətú:ʃən]	金融機関
262	**financial market** [fənǽnʃəl márkit]	金融市場
263	**financing** [fáinænsiŋ]	資金調達
264	**interest rate policy** [íntərəst réit páləsi]	金利政策

The bank pays **depositors** 3.5 percent interest on savings.
この銀行は、預金者に対し貯金の3.5パーセントの利息を払っている。

☐ interest：利息、利子

Wall Street is already going crazy into new **derivatives** on life insurance and other crazy things.
金融業界は、すでに生命保険がらみの新しい金融派生商品やら何やらに夢中になっている。

☐ go crazy：夢中になる

Abramovich himself made $522 million from Evraz **dividends** last year.
アブラモビッチ自身は昨年、エブラズの配当金で5億2200万ドルを稼いだ。

One of the underlying issues of the Democratic debate was looming **financial crisis** faced by many of America's middle class.
民主党の議論の基本的争点の1つは、アメリカの中流階級の多くが直面している金融危機についてだ。

☐ underlying：基本的な、根本的な ☐ looming：迫ってくる

Now, the global economic crisis of the past four years had led to a backlash against **financial institutions** and the wealthy elite.
さて、過去4年間におよぶ世界的な経済危機は、金融機関やエリート富裕層に対する反発をもたらした。

☐ backlash：反発、反感

She unleashed the so-called Big Bang, which deregulated London's **financial markets**, creating a financial powerhouse to rival New York.
彼女はいわゆるビッグバンを起こし、ロンドンの金融市場を規制緩和し、ニューヨークに匹敵する金融大国を作り上げた。

☐ unleash：～を引き起こす ☐ so-cold：いわゆる ☐ deregulate：～の規制を緩和する

A Silicon Valley venture capitalist, he helped provide the **financing** to make Siri a reality.
彼はシリコンバレーのベンチャー投資家で、Siri実現のために資金を提供した。

☐ deputy：代理の、副～

Places like Hong Kong are also going to keep a low **interest rate policy**, which will only fuel the prices of property and other assets.
香港のような地域も低金利政策を続けることになり、不動産やその他の資産価値は高騰する一方だ。

265	**investor** [invéstər]	投資者、出資者
266	**mutual fund** [mjúːtʃuəl fʌ́nd]	投資信託、ミューチュアルファンド
267	**outstanding** [àutstǽndiŋ]	未払いの
268	**private equity** [práivət ékwəti]	未公開株式
269	**rate of return** [réit əv ritə́ːrn]	利回り
270	**repayment rate** [ripéimənt réit]	返済率
271	**saving account** [séiviŋ əkáunt]	普通預金口座
272	**stock** [stɑk]	株、株式 類 share

Uber has been without an operating officer or CEO since its cofounder Travis Kalanick was ousted by **investors** back in June.

ウーバーは6月に同社の共同設立者であるトラビス・カラニック氏が投資家によって追放されて以来、執行責任者やCEO不在が続いてきた。

☐ operating officer：執行責任者　☐ oust：～を追放する

Hedge funds, like **mutual funds**, are large pools of investment money.

ヘッジファンドは投資信託と同様に、多額の投資金の共同運用である。

☐ pool：共同運用、共同出資

The island has about $70 billion in **outstanding** debt and is in recession.

この島は約700億ドルの未払い債務を抱えており、さらに不況に陥っている。

This helped to fund everything from cheap home loans to eye-popping **private equity** buyouts and corporate stock buybacks.

このため、低価格の住宅ローンから目玉が飛び出るような未公開株の買収や株式買戻しにいたるまで、あらゆるものに資金が投入されることとなった。

☐ fund：～に資金を出す　☐ eye-popping：目玉が飛び出るほどの、驚くべき　☐ buyout：（会社の株の）買収

Our goal is to repay every dollar as fast as we can with a great **rate of return**.

私たちの目標は、できるだけ早期に高利率で全て返済することだ。

☐ repay：（金を）返金する、払戻す

While banks here on Wall Street are buckling because of bad loans, Grameen America reports a remarkable 99-percent **repayment rate**.

ウォール街の銀行が不良債権の重みで軒並みつぶれかかっているなか、グラミンアメリカは99%という驚異の返済率を報告している。

☐ buckle：（圧力などで）崩れる、崩壊する　☐ remarkable：注目すべき

In my **saving account**, I'm getting 1.25 percent, so basically nothing.

私の普通預金口座では、（利息の利率は）1.25パーセントなので、基本的にないも同然だ。

☐ bear a burden：重荷を背負う　☐ tremendous：とてつもなく大きい

But it was also a dark decade, not just for the company but companies around the world, as the United States **stock** market crashed in 1929.

しかし、1929年にアメリカの株式市場が大暴落し、この会社だけでなく世界中の企業にとって暗黒の10年でもあったのだ。

新型コロナウイルス（COVID-19）の世界的大流行が始まって以降、その影響は私たちの働き方にも大きな変化をもたらしました。会社に出社しないリモートワークや、UberやAirbnbをはじめとした、自分の好きな時間・場所で働くギグワークといった働き方は日本でも珍しいものではなくなりました。
この章では、経営や雇用などビジネスに関する頻出表現を掲載しています。まずは日本でもお馴染みになった言葉から英語独自の表現まで、働き方に関する最新キーワードを見ていきましょう。

digital nomad

ノマドワーカー、デジタルノマド

デジタル技術を駆使して、各地を旅しながら遠隔で仕事をする人のこと。nomadは元々「遊牧民」の意味で、場所にとらわれず遊牧民のようなライフスタイルを送ることからこう呼ばれている。新型コロナの流行によるオフィス閉鎖やリモートワークの増加によって、アメリカでは自らをノマドワーカーと表現する人の割合が50パーセント近く増加したという調査結果もある。

---

frontline worker

フロントラインワーカー

医療従事者や警察官、公共交通機関職員など、日常生活に不可欠なビジネスに携わる労働者のこと。frontlineは「最前線の」という意味。コロナ禍において、直接現場で業務にあたり、感染症に罹患する可能性が高い職業の人を表す言葉として使われるようになった。他に、エッセンシャルワーカーやキーワーカーとも呼ばれる。

☐ essential worker：エッセンシャルワーカー　☐ key worker：キーワーカー

---

furlough

一時休暇

企業や雇用主から与えられる強制的な一時休暇のこと。休暇中は無休であるが、「一時的解雇」を意味するlayoffと違い、休暇期間中も企業に在籍した状態となる。元々は軍事用語で、特にアメリカにおいて兵士が一時休暇を取る際に使われていた。パンデミックが始まって以降、政府が解雇防止のために、従業員を一時休業とする代わりに給与支援を受ける仕組みを提供したことで頻度が急増した。

gig economy

ギグエコノミー

UberやAirbnbなどでおなじみの、オンラインのプラットフォームを通して単発や短期の仕事を受注する働き方。そうした働き方をする人はgig workerと呼ばれる。アメリカでは労働者のおよそ4分の1がギグエコノミーの仕事を行っているという調査も。コロナ禍で急成長を続けた産業だが、**最低賃金**や損害賠償保険などをカバーする**労働法**が適用されないケースも多く、労働搾取になりえるという問題も取り沙汰されている。

□ minimum wage：最低賃金　□ labor law：労働法

---

quiet quitting

静かな退職

家族や趣味の時間に多くの時間を費やすため、組織に在籍しながら必要最低限の仕事だけを行うこと。完全に働くことを辞めるわけではないが、心理的に遠ざかり、仕事に対してやりがいや自己実現を求めない働き方を指す。2022年はコリンズ英語辞典の選ぶ「**今年の単語**」の最終候補に選ばれるなど、若者を中心にSNSで広がった。

□ Word of the Year：今年の単語

---

right to disconnect

つながらない権利

労働者が勤務時間外に仕事に関するメールや電話などへの対応を拒否できる権利のこと。インターネットを使ったコミュニケーションツールの発展により、働き方に柔軟性ができた一方で仕事とプライベートの境界があいまいになっていくという問題が起きていた。フランスが2017年にこの権利を認める法律を定めたほか、周辺のヨーロッパ各国でも同様の動きが広まっている。

WFM

在宅勤務

work from homeの略。日本でもお馴染みの**テレワーク**や**リモートワーク**はオフィス以外の場所で仕事することを指すため、WFMとはニュアンスが少し異なる。オフィスを離れて仕事をする表現では他にwork remotelyやtelecommute、mobile workといった表現がよく使われる。

□ telework：テレワーク　□ remote work：リモートワーク

273	**bargain** [bɑ́rgən]	取引契約
274	**bill** [bíl]	請求書、請求書を送る
275	**billboard** [bílbɔ̀rd]	（屋外の）大型掲示板、大型広告板
276	**box office** [bɑks ɔ́fis]	（興行の）売り上げ
277	**brick-and-mortar** [brík ən (d) mɔ́rtər]	（店舗がインターネットではなく）実在の
278	**commerce** [kɑ́mərs]	商業、商取引
279	**copyright** [kɑ́piràit]	著作権
280	**customer satisfaction** [kʌ́stəmər sæ̀tisfǽkʃən]	顧客満足度

The city says the cap remains on the table if the company doesn't hold up its end of the **bargain**.

市によればUber側が合意内容を実行しなければ、制限案は依然、検討中の事案として残るという。

□ on the table：検討中で

According to England's Plymouth Herald, a mother **billed** her son's 5-year-old friend for missing the party.

英国プリマスのヘラルド紙によれば、ある母親がパーティーを欠席したからという理由で息子の５歳の友達に請求書を送りつけた。

When you walk on the street, you see **billboards** advertising Calvin Klein underwear.

街を歩けば、カルバン・クラインの下着の広告看板が目に入る。

China is the world's biggest **box office**, world's biggest Internet market—you know, the superlatives can go on.

中国は映画の興行収入が世界一で、インターネット市場の大きさも世界一だ。世界一のことはまだほかにもある。

□ superlative：最高、最高のもの　□ go on：続く

Chinese retailer Alibaba has a new virtual-reality platform that combines e-commerce with the **brick-and-mortar** shopping experience.

中国の小売業者アリババによる、新たなバーチャルリアリティプラットフォームは、電子商取引と実際の店舗での買い物体験を組み合わせたものだ。

Because of the global coronavirus pandemic, **commerce** is at a standstill, billions of commuters are staying home, and airlines are essentially paralyzed

新型コロナウイルスの世界的大流行によって商業活動は行き詰まっており、何十億人もの通勤・通学者が家にとどまり、航空網は実質的にまひしている。

□ be at a standstill：止まっている、行き詰っている　□ commuter：通勤者、通学者

He claims that Spotify has knowingly violated **copyright** laws.

彼は、スポティファイが故意に著作権法に違反したと主張している。

□ knowingly：承知の上で、故意に　□ violate：～に違反する

The end game is just increasing **customer satisfaction**.

最終目標は、ひとえに顧客満足度を上げることだ。

281	**cut-rate** [kʌ́t réit]	割引価格の、割安の
282	**e-commerce** [kámərs]	電子商取引
283	**entrepreneur** [àːntrəprənə́ːr]	起業家
284	**for-profit** [fər práfət]	営利目的の、利潤追求の
285	**future** [fjúːtʃər]	先物取引
286	**glut** [glʌ́t]	供給過多 ▽excessive demand：需要過多
287	**high-end** [hái énd]	高級な、高級品を扱った 類 deluxe、exclusive
288	**intellectual property** [ìntəléktʃuəl prápərti]	知的財産、知的所有権

American companies buy China's cheaply produced food at **cut-rate** prices.
アメリカの企業が安く生産された中国産食品を割安価格で購入しています。
☐ cheaply：安く、手軽に

And Alibaba is gaining ground in Latin America, with AliExpress quickly becoming the go-to **e-commerce** platform there.
そして、アリエクスプレスが急速にラテンアメリカの主力電子商取引プラットフォームへと成長するのに伴い、アリババは同地域での勢いを増している。
☐ gain ground：前進する、勢いを増す ☐ go-to：頼りになる、主力の

Walter de Brouwer is a mathematician and **entrepreneur** who's run several successful companies.
ウォルター・デ・ブラウエルさんは数学者にして、複数の企業を経営する起業家でもある。
☐ mathematician：数学者

Imprimis is still a **for-profit** company—here ringing the NASDAQ opening bell this summer.
インプリミスはそれでも営利目的の企業だ。このように、この夏にはナスダック市場取引開始のベルを鳴らした。

It's the first time that's happened since oil **futures** started trading in the US stock market in 1983.
これは、1983年に米国市場で石油先物取引が始まって以来初めてのことだ。

But conservationists point out there is already a huge **glut** of American oil.
しかし自然保護論者は、すでにアメリカの石油は相当な供給過多になっていると指摘する。
☐ point out：～を指摘する

Well, fresh, top-grade fish is crucial in Japan's **high-end** sushi restaurants.
さて、日本の高級寿司店では、新鮮で最高級の魚が重要だ。
☐ crucial：きわめて重要な、非常に重要な

He has a lot of fans, so he is a piece of **intellectual property** with social influence.
彼は多くのファンを持っているので、社会的影響力を持つ知的財産の一部である。
☐ social influence：社会的影響力

289	**job title** [dʒɑb táitl]	肩書き
290	**market share** [mɑ́rkit ʃer]	市場占有率、マーケットシェア
291	**odd job** [ɑ́d dʒɑb]	雑用、臨時の仕事 ▽odd-job man：便利屋
292	**patent** [pǽtənt]	特許
293	**price tag** [práis tǽg]	（商品に付けられる）値札、値段
294	**prototype** [próutətàip]	原型、試作品
295	**retail** [ríːteil]	小売の ▽retail store：小売店
296	**sales promotion** [séilz prəmóuʃən]	販売促進

CNN GLENTSとは

GLENTSとは、**GLobal ENglish Testing System**という名の通り、世界標準の英語力を測るシステムです。リアルな英語を聞き取る**リスニングセクション**、海外の話題を読み取る**リーディングセクション**、異文化を理解するのに必要な知識を問う**国際教養セクション**から構成される、世界に通じる「ホンモノ」の英語力を測定するためのテストです。

CNN GLENTSの特長

■作られた英語ではなく生の英語ニュースが素材

リスニング問題、リーディング問題、いずれも世界最大のニュース専門放送局CNNの英語ニュースから出題。実際のニュース映像を使った「動画視聴問題」も導入しています。

■場所を選ばず受験できるオンライン方式

コンピューターやスマートフォン、タブレットなどの端末とインターネット接続があれば、好きな場所で受けられます。

■自動採点で結果をすぐに表示　国際指標CEFRにも対応

テスト終了後、自動採点ですぐに結果がわかります。国際的な評価基準であるCEFRとの対照レベルやTOEIC® Listening & Reading Testの予測スコアも表示されます。

■コミュニケーションに必要な社会・文化知識にも配慮

独自のセクションとして設けた「国際教養セクション」では、世界で活躍する人材に求められる異文化理解力を測ります。

■試験時間は約70分、受験料は3,960円（税込）です。

※画像はイメージです。

お問い合わせ先

株式会社 朝日出版社　「CNN GLENTS」事務局
TEL: 0120-181-202（平日午前10時～午後6時）　E-MAIL: glents_support@asahipress.com

Flashy **job title**, but bottom line, she is the architect of the company's human resources strategy.

派手な肩書きだが、要は彼女は会社の人事戦略を立案する責任者だ。

There is no chance the iPhone is going to get any significant **market share**.

iPhoneが注目に値するほどのマーケットシェアを得る可能性はない。

☐ there is no chance (that)：～という見込みは全くない、望みはない

They want to ensure that the little money they earn, whether it be from doing **odd jobs** or begging, is kept safe.

彼らは自分たちが稼いだわずかなお金が、それが臨時の仕事や物乞いによるものであっても、安全に保管されることを望んでいる。

☐ ensure that：～を保証する　☐ begging：物乞い

Now, Sony has filed a U.S. **patent** for what it calls a SmartWig. It's a hairpiece that uses sensors to detect things like brain waves and blood pressure.

さて、ソニーが「スマートウィッグ」なるものの特許を米国に出願した。これはかつら型端末で、センサーを使って脳波や血圧などを検出する。

☐ file a patent：特許を出願する　☐ hairpiece：かつら

Some people say the Tesla Model S is worth every penny of its $70,000 **price tag**.

テスラ・モデルSは7万ドルという値段に見合う価値がある、と一部の人は言う。

☐ be worth：～の値打ちがある

This is an early **prototype**, but "see-through" trucks could one day become popular.

これは初期の試作品だが、いつか「シースルー」のトラックが普及する日が来るかもしれない。

☐ see-through：透けて見える

Well, online **retail** giant Amazon hopes to add a new dimension to the mobile-phone business.

さて、オンライン小売大手のAmazonは携帯電話業界に新たな局面をもたらそうと望んでいる。

☐ dimension：局面、側面

Well, an unusual **sales promotion** in the U.S. is generating a firefight, so to speak, on the Internet.

さて、アメリカでの型破りな販促キャンペーンがネット上でいわば火花を散らす論争を巻き起こしている。

☐ firefight：意見を戦わせること、小論争　☐ so to speak：言わば

297	**subscriber**	[səbskráibər]	定期購読者、加入者
298	**subscription**	[səbskrípʃən]	定額配信、定期購読
299	**boss**	[boss]	上司 類 supervisor、chief
300	**supplier**	[səpláiər]	供給業者
301	**surcharge**	[sə̀ːrtʃɑ́ːrdʒ]	追加料金
302	**terms and conditions**	[tə́ːrmz ən (d) kəndíʃənz]	利用規約、契約条件
303	**untapped**	[ʌntǽpt]	（市場などが）未開拓の
304	**warranty**	[wɔ́rənti]	保証 類 guarantee、promise

Netflix says it's lost 200,000 **subscribers** in the first quarter of this year.

Netflixは、今年の第一四半期に20万人の加入者を失ったという。

□ exclusively：もっぱら、全くの □ issue：論点

The rise was driven by a massive increase in streaming **subscriptions**, up 39 percent, which offset [an] 8 percent fall in downloads.

この増益はストリーミングの定額配信が大幅に増えたことによるもので、それが39%の上昇を見せ、ダウンロードの8%の減収を埋め合わせた。

□ offset：～を相殺する

She joined Disney in 1996 and says she learned a lot from her current **boss**, Disney chairman and CEO Bob Iger.

彼女は1996年にディズニーに加わった。現在のボスで、ディズニーの会長兼CEOのボブ・アイガー氏から学んだことはたくさんあるようだ。

Tesco said the **supplier** was audited as recently as last month and was found to be in compliance.

テスコ社によると、この供給業者は先月監査を受けたばかりで、規定を順守していたとのことだ。

□ audited：監査する

Red items also carried a five-cent **surcharge**.

赤色のものは5セントの追加料金がかかる。

And hiding the consent in a small text of general **terms and conditions**—that doesn't count.

小さな文字で表示された包括的な契約条件の中に同意を忍び込ませるといったやり方は、受け入れられない。

□ consent：同意、承諾 □ general：全体的な、包括的な □ do not count：該当しない、通用しない

Now, Myanmar is considered one of the world's last **untapped** business markets, and a lot of companies want a piece of the action, not surprisingly.

現在、ミャンマーは世界で最後の未開拓のビジネス市場の一つと考えられており、多くの企業がその一角を望んでいるのは驚くにあたらない。

□ a piece of the action：分け前

But there's one catch: having your iPhone fixed outside of Apple could void your **warranty**.

しかし、1つ難点がある。アップル以外のところでiphoneを修理してもらうと、保証が無効になってしまうのだ。

□ catch：思いがけない問題、難点 □ void：～を無効にする

305	**accountant** [əkáuntənt]	会計士、経理 ▽tax accountant：税理士
306	**affiliate** [əfíliət]	関連企業、系列企業
307	**board of directors** [bɔ́rd əv dəréktəz]	取締役
308	**branch** [bræntʃ]	支社、支店
309	**business ethics** [bíznəs éθiks]	企業倫理
310	**capital** [kǽpətəl]	資本金
311	**chairman** [tʃέərmən]	会長 類 chairperson、chairwoman（女性の場合）
312	**CEO** =chief executive officer	最高経営責任者

His job as an **accountant** at Barclays Bank was made redundant last year.

彼はバークレイズ銀行で会計士として働いていたが、昨年解雇された。

☐ **redundant：不必要な、余剰人員となった**

CNN **affiliate** Time obtained the photo from the yearbook of West Point Academy, the private high school where Mr. Trudeau was a teacher.

CNNの提携誌であるタイム誌が、当時トルドー氏が教師をしていた私立高校、ウエスト・ポイント・アカデミーの卒業アルバムからこの写真を入手した。

☐ **yearbook：卒業アルバム** ☐ **private high school：私立高校**

Ma plans to stay on Alibaba's **board of directors** until its annual shareholders' meeting in 2020.

マー氏は、2020年の年次株主総会までアリババの取締役にとどまる予定だ。

☐ **shareholders' meeting：株主総会**

An innovative lending company from Bangladesh has opened a **branch** in New York.

バングラデシュの革新的な融資会社が、ニューヨークに支店を開設した。

☐ **innovative：革新的な** ☐ **lending：貸付、融資**

The business world has lost sight of this basic tenet of **business ethics**.

ビジネス界はこの企業倫理の基本理念を失っている。

☐ **lose sight of：〜を見失う** ☐ **tenet：教義、原則**

Budding entrepreneurs with no track record had to find new ways to raise **capital** to fund growth.

実績のない新進起業家は、事業拡大のための資金の調達方法を新たに見つけなくてはならなかった。

☐ **budding entrepreneur：新進企業家** ☐ **track record：実績**

She moved on in 1993 when media titan Rupert Murdoch recruited her as **chairman** and CEO of FX Networks.

1993年、彼女はメディア王ルパート・マードック氏に見いだされ、FXネットワークの会長兼最高経営責任者に就任した。

☐ **media titan：メディア王、メディア界の大物**

Mary Barra is not just the first female **CEO** of General Motors but she's also the first woman to head a major U.S. automaker ever.

メアリー・バーラ氏はゼネラルモーターズ社初の女性CEOであるだけでなく、米大手自動車メーカーのトップを務める史上初の女性でもある。

☐ **head：(組織などを) 率いる** ☐ **automaker：自動車メーカー**

313	**COO** =chief operating officer	最高執行責任者
314	**consolidation** [kənsɑ̀lədéiʃən]	整理統合
315	**corporate culture** [kɔ́rpərət kʌ́ltʃər]	企業文化、社風 類 company culture、company climate
316	**corporation** [kɔ̀rpəréiʃən]	企業、会社組織 類 company、enterprise
317	**cost-effective** [kɔst iféktiv]	費用対効果の高い
318	**debt** [dét]	借金、負債
319	**family-run** [fǽməli rʌ́n]	家族経営の
320	**go public** [góu pʌ́blik]	上場する、株式を公開する

Nissan **chief operating officer** Toshiyuki Shiga keeps a close watch on progress.
日産自動車の志賀俊之最高執行責任者は、進捗状況を注視している。

☐ keeps a close watch on：〜を注視する、目を光らせる

It comes at a time of increased **consolidation** in the industry.
この業界では整理統合が増加の一途を辿っている。

Japan's **corporate culture** is still one of pinstripes and button-downs.
日本の企業文化は、いまだにピンストライプのスーツにボタンダウンシャツの世界で、折り目正しいが旧態依然としている。

☐ pinstripes and button-downs：折り目正しいが旧態依然としているものの例え

U.S.-based Walmart is back on top of Fortune's list of the world's largest **corporations**.
米企業であるウォルマートがフォーチュン誌の世界企業ランキングの首位に返り咲いた。

As drone technology rapidly advances, it's expected that more countries will embrace the high-level yet **cost-effective** solutions it presents.
ドローン技術が急速に進歩するにつれより多くの国が、その技術が提示する高度でありながら費用対効果の高い解決策を採用すると予想される。

☐ embrace：〜を進んで受け入れる

I think that there is a polarity and a **debt** situation and circumstances in which there probably will have to be revolutionary-type changes.
私は、おそらく革命的とも言える変化が必要となるほどの分極状態や借金などの状況になっていると思います。

☐ polarity：分極状態、対立、格差 ☐ revolutionary：革命的な、革新的な

The company is Shimano, in Osaka, a **family-run** firm now run by the founder's son, Yoshizo Shimano.
その会社はシマノといい、大阪の家族経営の会社で、現在は創業者の息子である島野喜三が経営している。

☐ founder：設立者、創設者

Is there any discussion, now, that this company would ever **go public**?
この会社が株式公開をするという話はあるのだろうか？

☐ identity：独自性、固有性

321	**labor union** [léibər júːnjən]	労働組合〈米〉 類 trade union〈英〉
322	**layoff** [léiɔ̀f]	一時解雇
323	**listed company** [lɪstʌd kʌ́mpəni]	上場企業
324	**maternity leave** [mətə́ːrnəti líːv]	出産休暇、産休
325	**merger** [mə́ːdʒər]	合併 類 incorporation、amalgamation
326	**net worth** [nét wə́ːrθ]	純資産、正味財産
327	**outsourcing** [àutsɔ́ːsiŋ]	外部委託
328	**overseas expansion** [óuvərsíːz ikspǽnʃən]	海外展開

And what started out as a group of unemployed college students has grown to include celebrities and **labor unions**.

職のない大学生の（抗議運動として）始まったものが、有名人や労働組合が参加する規模にまで発展した。

☐ unemployed：仕事ない、無職の ☐ celebrity：有名人、著名人

Over there is Canary Wharf, the heart of London's banking industry and the scene of some of the biggest **layoffs**.

あそこに見えるのがカナリー・ワーフ。ロンドン金融業の中心である一方、最大規模の大量解雇が起こった場所でもある。

☐ scene：（事件・行為などの）現場

Now, PetroChina has become the world's most valuable **listed company**.

さて、ペトロチャイナ（中国石油天然気）は世界一の時価総額を誇る上場企業となった。

☐ valuable：金銭的価値のある

That can be a very big problem for new mothers who have no guarantees of paid **maternity leave**.

有給の出産休暇が保証されていないことは、出産したばかりの母親たちにとって大きな問題だろう。

☐ guarantees：保証、保証となるもの ☐ paid leave：有給休暇

Critics are concerned the **merger** will concentrate power even more among few media companies.

合併に反対する人たちは、合併によって少数のメディア企業に権力がさらに集中するのではないかと懸念している。

☐ critics：批判する人 ☐ concentrate：～を集中させる

The site, which Zuckerberg started on a lark, has put his estimated **net worth** at nearly $7 billion.

ザッカーバーグが気まぐれで始めたこのサイトによって、彼の推定純資産は約70億ドルに達した。

☐ on a lark：遊び半分で ☐ estimated：概算の、見積もりの

As an industry, **outsourcing** in the Philippines is only about a decade old, employing 700,000 people.

フィリピンの外部委託業界の歴史はわずか10年ほどだが、従業員数は70万人に及んでいる。

Krispy Kreme opened a shop here Tuesday as part of an **overseas expansion**.

火曜日に、クリスピークリームは海外展開の一環として、ここに店舗をオープンした。

329	**parent company** [pɛ́ərənt kʌ́mpəni]	親会社
330	**president** [préz (i) dənt]	社長
331	**private company** [práivət kʌ́mpəni]	民間企業 ▽statutory corporation：公共団体
332	**privatization** [pràivətəzéiʃən]	民営化
333	**profitability** [prɑ̀ːfətəbíləti]	採算性、収益性
334	**quarter** [kwɔ́ːrtər]	四半期
335	**revenue** [révənùː]	収益、歳入
336	**small and medium-size business**	中小企業

AT&T plans to purchase CNN's **parent company** for more than $85 billion.
AT&TはCNNの親会社を850億ドル余りで買収するつもりだ。

James became **president** of Intel after more than 25 years at the company, with more than 100,000 employees worldwide.
ジェームズ氏は、インテル入社後25年あまりを経て、全世界に社員10万人以上を擁する同社の社長に就任した。

□ cornerstone：礎石、土台

SpaceX is racing to be the first **private company** to ferry astronauts to the International Space Station— in some style, it seems.
スペースXは宇宙飛行士を国際宇宙ステーションに運ぶ最初の民間企業になるべく急いでいる、どうやら、結構かっこいい姿で。

□ race to do：～するために急ぐ　□ ferry：～を運ぶ　□ in style：かっこよく、立派に

It's a key step in the **privatization** of Japan's postal services, but it's likely to be another three or four years before the bank itself goes public.
これは日本の郵政民営化の重要な一歩だが、同行が上場するまでにはあと3、4年はかかるだろう。

Great businesses succeed at a high level of **profitability** because they're doing fantastic things for their people, for their customers and their communities.
偉大な企業が高水準の収益性をもって成功を収めるのは、社員にとって、お客さまにとって、そして地域社会にとって魅力的なことを行っているからだ。

□ community：地域社会

And Netflix expects to lose even more subscribers—2 million—in the next **quarter**.
そして、Netflixは次の四半期でさらに200万人の加入者を失うと予想している。

The Empire State Building's observatory brought in **revenues** of $111 million last year.
エンパイア・ステート・ビルの展望台は昨年1億1100万ドルの収益を上げた。

□ observatory：展望台

Amazon says it works hard to support the **small and medium-size businesses** selling on its platform.
アマゾンは、自社プラットフォームで販売する中小企業を支援するために努力していると話している。

337	**start-up** [stɑ́rt ʌ́p]	新興企業、新規事業
338	**state-run** [steit rʌ́n]	国営の
339	**stockholder** [stɑ́khòuldər]	株主〈主に米〉 類 shareholder〈主に英〉
340	**subcontractor** [sʌ̀bkəntrǽktər]	下請け企業
341	**subsidiary** [səbsídiəri]	子会社
342	**takeover** [téikòuvər]	企業買収
343	**trademark** [tréidmɑ̀rk]	商標
344	**turnaround** [tə́ːnəràund]	転換、改良

Musk is cofounder of Neuralink, a **start-up** which aims to implant a device in the brain that would communicate with an iPhone app and computers as well.

マスク氏はニューラリンク社の共同創立者で、同社はアイフォンアプリやパソコンとも通信できる機器を脳に埋め込むことを目指す新興企業だ。

☐ **inplant A in B：AをBに埋め込む**

Any iCloud account registered in mainland China is removed to **state-run** Chinese servers.

中国本土で登録されたiCloudのアカウントは、中国の国営サーバーに移管される。

☐ **remove A to B：AをBに移動させる**

He's pushing for legislation that would allow **stockholders** to vote on corporate compensation packages like Robert Nardelli's.

彼は、ロバート・ナーデリのような企業の報酬体系について、株主が投票できるようにする法案を推進している。

☐ **push for：～を強く求める** ☐ **compensation package：給与体系、待遇**

This man worked as a **subcontractor** at the plant immediately after the 2011 disaster.

この男性は2011年の震災直後に下請け作業員として原子力発電所で働いていた。

☐ **immediately after：～の直後に**

In 1999, she joined JAL Express, a **subsidiary** of Japan Airlines, as a trainee, which eventually led her to where she is today.

1999年、日本航空の子会社であるJALエクスプレスに訓練生として入社し、それが結果的に彼女を今の地位に導いた。

☐ **trainee：訓練生**

In February, the luxury hotel operator, Four Seasons, agreed to a more than $3 billion **takeover** offer.

2月には、高級ホテルを経営するフォーシーズンズが30億ドル以上の買収提案に合意した。

☐ **operator：経営者**

Initially, only holders of registered **trademarks** will be able to use the domain name.

初めは、登録済み商標の登録者に限りこのドメインを使用できる

☐ **initially：初めに、初めは** ☐ **registered：登録された** ☐ **holder：所有者、保持者**

In a stunning **turnaround**, Playboy says it will stop publishing photos of fully nude women.

プレイボーイ誌によれば、驚くべき方向転換として女性のフルヌード写真の掲載をやめるという。

345	**average wage** [ǽvəridʒ weidʒ]	平均賃金
346	**benefit** [bénəfit]	福利厚生、給付金、手当
347	**early retirement** [ə́ːrli ritáiərmənt]	早期退職
348	**employee** [emplɔ́iiː]	従業員
349	**employer** [emplɔ́iər]	雇用主
350	**extra income** [ékstrə ínkʌm]	臨時収入、副収入
351	**graveyard shift** [gréivjɑ̀rd ʃíft]	夜勤、深夜勤務
352	**human resources** [hjúmən ríːsɔ̀ːrsɪz]	人的資本、人材

Their **average wage** is 25 percent lower than other American workers.

彼らの平均賃金は他のアメリカ人労働者よりも25パーセント低い。

☐ go crazy：夢中になる

The company also told us it encourages employees to compare their pay and **benefits** to other retailers.

この会社はまた、従業員に給与や福利厚生を他の小売業者と比較することを勧めている、と私たちに語った。

The Nihon Keizai Shimbun says the company, which makes electronic goods, will offer its workers **early retirement** from July onwards.

日本経済新聞によれば、電子機器を製造しているこの会社は7月以降、社員に早期退職を募る予定だという。

☐ onwards：前方へ、先へ

Last year, France introduced a right-to-disconnect law, banning businesses from requiring **employees** to respond to e-mails after work hours.

フランスでは昨年、「つながらない権利」を認める法律を導入し、企業が従業員に対し勤務時間外に電子メールに対応するよう命じることを禁止した。

It says **employers** must respect workers' privacy and family time.

それによると雇用主は労働者のプライバシーと家族の時間を尊重しなければならない、とのことです。

Knut has been drawing large crowds at the Berlin Zoo, and zoo officials saw it as an opportunity too good to miss to bring in some **extra income**.

クヌートはベルリン動物園で多くの観客を集めており、同園の職員らも臨時収入を得る絶好の機会を逃せないと考えた。

☐ draw a crowd：大勢の人を引き寄せる　☐ bring in：～を稼ぐ

He says self-driving buses will solve Singapore's bus-driver shortage, robotic street sweepers will work the undesirable **graveyard shift**.

自動運転バスはシンガポールのバス運転手不足を解消し、ロボット清掃員は人が嫌がる深夜勤務をこなしてくれるだろうと彼は話している。

☐ street sweeper：街路清掃員　☐ undesirable：望ましくない、嫌な

New industries require innovative and creative **human resources**.

新しい産業には、考え方が革新的で創造性に富む人材が必要だ。

353	**illegal worker** [ilíːgəl wə́ːrkər]	不法労働者
354	**job application** [dʒɑb æplikéiʃən]	求職申し込み ▽job applicant：求職者
355	**labor force** [léibər fɔrs]	労働力
356	**labor shortage** [léibər ʃɔ́rtidʒ]	労働力不足、人手不足
357	**lifetime employment** [láiftàim]	終身雇用 ▽seniority：（勤続年数などによる）年功序列
358	**minimum wage** [mínimәm weidʒ]	最低賃金
359	**paid leave** [péid líːv]	有給休暇
360	**ratio of job openings to applicants**	有効求人倍率

At least 200,000 **illegal workers** have jobs in the U.S. hotel industry.

アメリカのホテル産業では少なくとも20万人の不法労働者が働いている。

Google gets over 3,000 **job applications** a day from people wanting to join teams like these.

グーグルにはこのようなチームに加わりたいと思う人たちから、一日当たり3000件以上の求職申込を受けている。

After all, the female **labor force** in Japan is the most underutilized resource.

結局のところ、日本では女性の労働力が最も活用されていない資源だ。

☐ underutilized：十分に活用されていない

Concerns have been growing about future **labor shortages**, especially as the government plays down its goal of 7 percent growth this year.

とりわけ同国政府が今年、7%という（経済）成長目標をあまり目立たないように扱っているなか、将来的な労働力不足に対する懸念が高まっている。

☐ concern：懸念　☐ play down：～を軽く扱う、強調しない

Well, gone are the days when Japanese companies guaranteed **lifetime employment**.

さて、日本の企業が終身雇用を保証していたのは遠い昔のことだ。

☐ buckle：（圧力などで）崩れる、崩壊する　☐ remarkable：注目すべき

Workers in the U.S. want a $15-an-hour **minimum wage**, and many walked off their jobs to push for change.

合衆国の従業員たちは時給15ドルの最低賃金を求めており、多くの従業員がストライキを行って改善を要求した。

☐ walk off one's job：ストライキを行う

Apart from a few top companies, the U.S. lags far behind the rest of the world in **paid leave**.

ごく一部のトップ企業を除けば、有給休暇制度の面でアメリカは他の国々に大きく後れを取っている。

☐ apart from：～を除いては　☐ lag behind：～に後れを取る

Already, firms complain of labor shortages, and the **ratio of job openings to applicants** has reached a 40-year high.

すでに企業は労働力不足を嘆いており、有効求人倍率はこの40年で最高に達している。

361	**retirement age** [ritáiərmənt éidʒ]	定年
362	**salary** [sǽləri]	給料 類 pay、income、salary
363	**take-home pay** [téik hóum péi]	(税金などを引いたあとの) 手取り額
364	**temporary employee** [témpərèri emplɔ́ii]	派遣社員、臨時従業員
365	**unemployment rate** [ʌ̀nemplɔ́imənt réit]	失業率
366	**work abroad** [wərk əbrɔ́d]	海外で働く
367	**working hours** [wʌ́ (ːr) kiŋ aʊɹs]	労働時間
368	**workload** [wə́ːklòud]	仕事量

Employees will have the right to ask to work beyond the normal **retirement age** of 65.

従業員には、通常の定年である65歳を超えて働くことを求める権利がある。

According to the study, the difference in rewards between "nice" and "not so nice" can mean as much as 18 percent in your **salary**.

この研究によれば、「感じがいい」社員と「感じがよくない」社員の報酬の差は、給料に18%も繁栄されることになるそうだ。

☐ reward：報酬

She recently found a new job, but the **take-home pay** is not enough to live on.

彼女は最近、新しい仕事を見つけたが、手取り額は生活するのに十分ではない。

Now one-third of Japan's workers are part-time or **temporary employees**.

今、日本の労働者の3分の1はパート従業員あるいは派遣社員です。

Even among other minorities with college degrees, Asians still have the lowest **unemployment rate**.

他のマイノリティーで大学の学位を持っている人たちと比較しても、アジア系はやはり失業率が最も低くなっている。

☐ repay：(金を) 返金する、払戻す

After **working abroad**, Francesca Bichara returned to her native land infected with new diet ideas.

海外で働いた後、フランチェスカ・ビシャーラさんはいくつかの新しいダイエット法に感化されて、母国に戻った。

☐ be infected with：～にかぶれる

According to the OECD, the typical **working hours** in Japan were actually a little below average.

経済協力開発機構 (OECD) によれば日本の一般的な労働時間は、実際のところ平均をやや下回っていた。

☐ typical：典型的な、一般的な

Using technology, Nagayama is able to balance her **workload** at the office and at home.

テクノロジーを使うことで、永山さんは職場と家庭と仕事量のバランスをうまく取れている。

369	**builder** [bíldər]	建設業者、建設者
370	**distributor** [distríbjətər]	卸売業者、販売代理店
371	**industrial belt** [indʌ́striəl bélt]	工業地帯
372	**industrial waste** [indʌ́striəl wéist]	産業廃棄物
373	**joint venture** [dʒɔint véntʃər]	合弁事業、ジョイントベンチャー
374	**man-made** [mǽnméid]	人造の、人工の
375	**manufacturing processes** [mæ̀njəfǽktʃərɪŋ prɑ́ses]	製造工程
376	**mass production** [mǽs prədʌ́kʃən]	大量生産 ▽churn out：大量生産する

The vessel took three years to complete, and when **builders** say it's authentic, they mean it: Absolutely no modern tools or metals were used to build the ship.

その船は完成までに3年を費やし、技師達はこのレプリカは原型に忠実だと話している。というのもこの船を作るのに現代の工具や金属類は一切使われなかった。

☐ vessel：船　☐ authentic：元の物に忠実な

Tachibana connects Ogatsu's fishermen to Tokyo's buyers, cutting out the expensive middleman **distributor**.

立花さんはコストのかかる仲介卸売業者を通さず、雄勝町の漁師と東京の買い手を繋いでいる。

☐ fishermen：漁師　☐ cut out：～を省く　☐ middleman：仲買人、中間業者

She left her hometown of Sichuan 10 years ago for the **industrial belt** of Guangdong and now tests ceramic parts in a factory of 20,000.

彼女は10年前に故郷の四川省をあとにし、広東省の工業地帯へ来た。現在、彼女は従業員2万人の工場でセラミック部品の検査をしている。

☐ Sichuan：四川省　☐ Guangdong：広東省

All of those factories produce **industrial waste**, and that waste has to go somewhere.

これらの工場から排出される産業廃棄物は、どこかに捨てなければならない。

☐ produce：～を生み出す

And it is a **joint venture** between SoftBank Mobile and Aldebaran Robotics.

これはソフトバンクモバイルとアルデバラン・ロボティクス社の合弁事業だ。

More than 40 percent of Japan's forests are **man-made**, planted because of deforestation.

日本の森林の40%以上は、森林伐採のために植林された人工林である。

☐ deforestation：山林伐採、森林伐採

The companies we do business with must use environmentally responsible **manufacturing processes**.

私たちが取引する企業は、環境に配慮した製造プロセスを採用する必要がある。

☐ environmentally responsible：環境に配慮した

His team's mission: **mass production**, making a robot like this both reliable and affordable.

彼のチームのミッションは、「大量生産」。このようなロボットを機能の安定した、手ごろな価格のものにすることだ。

☐ reliable：信頼できる　☐ affordable：手頃な価格の

377	**means of transport** [míːnz əv trǽnspɔːrt]	輸送手段、交通手段
378	**oil drilling** [ɔil dríliŋ]	石油採掘
379	**penetration** [pènətréiʃən]	普及率
380	**product development** [prɑ́dəkt divéləpmənt]	製品開発
381	**production capacity** [prədʌ́kʃən kəpǽsəti]	生産能力
382	**productivity** [pròudʌktívəti]	生産性
383	**public transportation** [pʌ́blik træ̀nspərtéiʃən]	公共交通機関
384	**recall** [riːkɔ́l]	返品、リコール

What we have been trying to do has been basically to provide India a **means of transport** which today does not exist.

私たちが試みてきたことは、基本的に現在のインドにはない交通手段を提供することだ。

☐ basically：基本的に、根本的に

In Ecuador, the Amazon rainforest is being protected from degradation after an indigenous tribe took on the government and its plan to expand **oil drilling**.

エクアドルでは、先住民族が政府と石油採掘の計画拡大に立ち向かった結果、アマゾンの熱帯雨林が劣化から守られるようになった。

☐ degradation：劣化　☐ indigenous tribe：先住民族　☐ take on：～と対決する

And all of these countries, especially in Asia, mobile **penetration** is very, very high and, in fact, growing even faster.

そしてこれらの国、特にアジア地域におけるモバイル機器の普及率は極めて高くなっており、実際のところ伸びる一方だ。

APOPO is a Dutch acronym which in English roughly means "landmines-detection **product development**."

APOPOはオランダ語の略語で、英語ではおおよそ「地雷探査機の製品開発」といった意味だ。

☐ acronym：頭文字　☐ roughly：おおよそ、大体

There is very little slack in the system, only about 2 or 3 million barrels a day of spare **production capacity**.

こうした方法に余裕はほとんどなく、余剰生産能力は1日当たりたった200万あるいは300万バレルほどしかない。

☐ slack：たるみ、ゆとり　☐ spare：予備の、余分な

Japan's economy is hampered by low worker **productivity** and a jobs-for-life culture.

日本経済は低い労働生産性と終身雇用の企業文化に足をひっぱられている。

☐ hamper：～を阻止する　☐ jobs-for-life culture：終身雇用の習慣

But the city lacks significant **public transportation** like a metro system.

しかし、この街には、地下鉄網のようなな公共交通機関がない。

☐ lacks：～を欠いている

The defect has prompted the biggest auto **recall** in American history.

この欠陥がアメリカ史上最大の自動車リコールを引き起こした。

☐ prompt：～を促す、引き起こす

385	**R&D** =research and development	研究開発
386	**retailer** [ríːteilər]	小売業者
387	**state-of-the-art**	最先端の、最新式の 類 sophisticated、new-fashioned
388	**urbanization** [ə̀ːrbənəzéiʃən]	都市化
389	**utility** [juːtíləti]	（電気・ガス・水道などの）公共事業
390	**warehouse** [wέərhàus]	倉庫、商品保管所
391	**wholesaler** [hóulsèilər]	卸売業者、問屋 ▽wholesale market：卸売市場
392	**word of mouth** [wə́ːrd əv máuθ]	口コミ

Amazon isn't commenting on this report, but the company has picked up its **research and development** spending recently.

アマゾンはこの報道に関するコメントを出していないが、同社はこのところ研究開発の支出を増やしている。

☐ pick up：〜を増す

Clothing **retailer** H&M has issued an extensive apology for a horribly insensitive ad many are calling blatantly racist.

衣料品小売業者のH&Mは、明らかに人種差別的だと多くの人が評しているひどく無神経な広告について、詳細な謝罪を表明した。

☐ insensitive：無神経な ☐ blantly：露骨に、明らかに

When it comes to Hong Kong, most think of a modern city with skyscrapers, luxury homes, **a state-of-the-art** airport.

香港と言えばたいていの人は超高層ビル、高級住宅、最新鋭の空港がある近代都市を思い浮かべる。

☐ skyscraper：超高層ビル ☐ luxury：高級な

Researchers here say satellite images are key to understanding big problems like rapid **urbanization**, a swelling population and a looming food crisis.

ここで働く研究者たちは、衛星写真が、急速な都市化、膨れ上がる人口、迫り来る食糧危機といった深刻な問題を理解するための重要な鍵になると言う。

☐ swelling：膨れ上がりつつある ☐ looming：迫りくる

Terms of a merger between French **utilities** Suez and Gaz de France are expected to be announecd this week

フランスの水道・電機大手スエズとフランスガス公社の合併の条件が、今週発表されることになっている。

☐ terms：条件 ☐ merger：合併

Last year, a dispute with China over textile quotas left millions of garments impounded in EU **warehouses**.

昨年、中国との繊維の割り当てをめぐる紛争で、EUの倉庫で何百万もの衣料品が押収された。

☐ dispute：論争 ☐ textile：織物、繊維製品 ☐ quota：（輸出・輸入などの）割り当て

We were able to sign up 5,250 smallholder farmers, retailers and **wholesalers** who are presently using ColdHubs services.

私たちは、現在ColdHubsのサービスを利用している5,250の零細農家、小売業者、卸売業者と契約することができた。

☐ sign up：〜と契約を結ぶ ☐ presently：現在

And amazingly, he has not spent a single dollar on advertising; it's all **word of mouth**.

しかも、驚くべきことに、彼は宣伝費に1ドルも使っていない。すべて口コミで広がっているのだ。

司法

「ロー対ウェイド」というワードを聞いたことがありますか？
1973年に中絶合法化を決めた歴史的な裁判です。
アメリカでは、ニュースにこうした歴史的な裁判や判決がたびたび登場します。
ここではニュースの理解度がぐっと上がる代表的な裁判を見てみましょう。

Roe v. Wade

ロー対ウェイド裁判

1970年にテキサス州の地方裁判所で始まった裁判。1973年に連邦最高裁判所は、それまでアメリカでは違法とされていた妊娠中絶を女性の権利として認め、人工妊娠中絶を規制する州法を違憲とする判決を下した。ローは原告、ウェイドは地方検事の名前からきている。その後も**中絶反対派**と**中絶擁護派**の間で論争が続き、2022年6月に連邦最高裁が同判決を覆す判断を記した。

☐ pro-life：中絶反対派　☐ pro-choice：中絶擁護派

Brown v. Board of Education

ブラウン対教育委員会裁判

1954年に連邦最高裁判所が、公立学校での黒人と白人の別学を定めた州法を違憲とした判決。カンザス州の小学生ブラウンは、自宅近くの小学校が白人専用の学校であったため入学することができず、約1.5キロ離れた別の小学校に通うことを余儀なくされていた。これが教育の機会を奪うものだというのが訴えの内容だった。それまでは「**分離すれども平等**」の考えのもと、設備の数や質などが同等であれば黒人と白人の分離は違憲にならないとされてきた。この裁判での勝利が**公民権運動**と人種差別の撤廃へと続いた。

☐ Separate but equal：分離すれども平等　☐ Civil rights movement：公民権運動

Miranda v. Arizona

ミランダ対アリゾナ州事件

強姦と誘拐の罪で逮捕されたアーネスト・ミランダは、弁護人を同席させる権利を告知されないまま警察に尋問され、犯行を認めたため有罪判決を受けた。しかしミランダは保障された**弁護人依頼権**を奪われたと主張して有罪判決に異議を唱えた。後に最高裁はミランダに勝訴の判決を下し、この裁判をきっかけに警察が逮捕の際、「あなたには黙秘権がある…」という警告を与える慣行が生まれ、ミランダ警告（Miranda warning）などと呼ばれている。なおミランダの２度目の裁判では、彼の自白が証拠から排除されたものの有罪となり刑務所に収監された。

☐ right to counsel：弁護人依頼権

アメリカは50の州とコロンビア特別区（ワシントンDC）で構成される連邦共和制の国家で、それぞれの州に独自の法律が制定されている。そのため、連邦〔国〕と州がそれぞれ裁判所を持っており事件の性質によって連邦裁判所、州裁判所のどちらの管轄かが決定される。裁判制度は日本と同じ三審制で、判決に不服があれば上位の裁判所に上訴することができる。
連邦裁判所は地方裁判所、控訴裁判所、最高裁判所に分けられており、地方裁判所は各州に、控訴裁判所は全米で計12の地区に設置されている。また、最高裁判所は首都ワシントンDCに1つ設置されている。一方、州裁判所も第一裁判所、控訴裁判所、最高裁判所の3種類に分かれており、最高裁判所は州によってsupreme courtやcourts of appealsと呼ばれるものもあるため、連邦最高裁判所や控訴裁判所と間違えないよう注意が必要。

アメリカの裁判制度

393	**abduction** [æbdʌ́kʃən]	誘拐、拉致
394	**appeal** [appeal]	上訴、控訴
395	**assailant** [əséilənt]	加害者
396	**bail** [béil]	保釈、保釈金
397	**behind bars** [biháind bɑrz]	獄中で、刑務所に入って
398	**breach** [brí:tʃ]	～に違反する 類 contravene、violate
399	**charge** [ʃɑrʒéi]	告発、嫌疑 類 accusation、complaint
400	**confession** [kənféʃən]	自白、自供 ▽confess：～を自白する

One of the most volatile issues affecting relations between Japan and North Korea is the **abductions** Pyongyang admits carrying out.
日本と北朝鮮の関係を最も不安定にしている問題のひとつが、平壌が実行したことを認めている拉致問題だ。
□ **volatile：不安定な、爆発寸前の** □ **carry out：～を実行する**

Their attorneys say they will file **appeals**.
彼らの弁護団は控訴すると話している。
□ **attorney：弁護士**

According to Doctors Without Borders, an estimated 40 percent of the rape victims are under the age of 18. Often there are multiple **assailants**.
国境なき医師団によるとレイプ被害者の40%は18歳以下と推定されており、多くの場合は複数の加害者がいる。

A Canadian court has granted **bail** to the chief financial officer of Huawei, one of the largest telecom companies in the world.
カナダの裁判所は、世界最大の通信会社の一つであるファーウェイの最高財務責任者の保釈を認めた。
□ **grant：～を許可する**

After a wave of street protests swept across Russia, the prominent opposition leader who led them is now **behind bars**.
街頭デモの波がロシアを席巻した後、デモを率いた著名な野党指導者が現在拘留されている。
□ **sweep across：～中を席巻する** □ **prominent：有名な、著名な**

Tafida's parents say that the hospital is **breaching** her EU right of movement by not allowing her to travel to Italy.
タフィダさんの両親は、病院がイタリアへの渡航を許可しないのはEUの移動の権利に違反していると話している。
□ **EU right of movement：EU基本憲法章の中の「移動の自由」のこと**

Last year, S.A.C. Capital pleaded guilty to criminal insider-trading **charges** and agreed to pay a fine of nearly $2 billion.
昨年SACキャピタルは刑罰の対象となるインサイダー取引の嫌疑を認め、20億ドル近い罰金の支払いに同意した。
□ **plead guilty to：～の罪状を認める** □ **fine：罰金**

That's called a **confession**. That also happens a lot in criminal cases.
あれが自白というもので、これも刑事事件ではよくあることだ。
□ **criminal cases：刑事事件**

司法

401	**counterfeit**	[káuntərfìt]	偽物、模造品
402	**court**	[kɔrt]	裁判所、裁判
403	**crime**	[kráim]	犯罪 ▽commit a crime：犯罪を実行する
404	**criminal**	[kríminəl]	犯罪者、犯人
405	**criminal record**	[kríminəl rékərd]	前科、犯罪歴
406	**custody**	[kʌ́stədi]	親権
407	**death penalty**	[déθ pénəlti]	死刑
408	**defamation**	[dèfəméiʃən]	名誉毀損

Right now, a foreign country could print up tens of thousands of **counterfeit** ballots, and it'd be very hard for us to detect.

今なら、他国が何万枚もの偽造投票用紙を印刷することができる。そして私たちがそれを見つけ出すのは非常に難しい。

☐ ballot：投票用紙　☐ detect：〜を見抜く、見破る

The **court** ruled Tuesday that the ban does not violate human rights.

裁判所は火曜日に、この禁止法は人権侵害には当たらないとの裁定を下した。

☐ rule that：〜との裁定を下す　☐ violate：〜を侵害する

The **crime** was dramatized in the hit movie Goodfellas.

この犯罪事件は、ヒット映画『グッドフェローズ』で描かれた。

☐ dramatize：〜を脚色してドラマ化する

And that technology could now be in the hands of **criminals**, hackers and spies around the world.

そして、その技術が今や世界中の犯罪者やハッカー、スパイの手に渡っている可能性があるのだ。

☐ in the hands of：〜の手中に、〜の管理下に

Because he had a **criminal record** prior to this arrest, the D.A. says more investigation is necessary before he's officially cleared.

彼には逮捕以前に前科があったため、地方検事は正式に嫌疑が晴れるまではさらに調査が必要だと話している。

☐ clear：〜の嫌疑を晴らす、無実を証明する

Rotondo says the eviction warnings began after he lost **custody** of his own son, which he claims is unfair.

ロトンドさんによれば、立ち退き通告が行われるようになったのは彼が息子の親権を失った後だそうで、通告は公平性を欠いていると主張している。

☐ eviction：立ち退き、退去　☐ warnings：警告、通告

Human-rights activists attacked the city-state's use of caning as a criminal punishment, and the **death penalty**.

人権活動家たちは、この都市国家が刑罰としてむち打ちを適用していることや、死刑制度に対して非難した。

☐ caning：むち打ち　☐ criminal punishment：刑罰、罰則

Though she never named Depp in the article, he sued his ex-wife for **defamation**, claiming in the $50 million suit that his career suffered as a result.

彼女は記事の中でデップ氏の名前を挙げていないが、彼は元妻を名誉棄損で訴え、損害賠償5000万ドルを求める訴訟で（記事の）結果、業務を妨害されたと主張した。

☐ name：〜の名前を挙げる　☐ suffer：傷つく、損なわれる

司法

409	**defendant** [diféndənt]	被告（人）
410	**detective** [ditéktiv]	探偵、刑事
411	**drunk driving** [dríŋk dráiviŋ]	飲酒運転
412	**enact** [enǽkt]	制定する
413	**exonerate** [igzɑ́nərèit]	～の嫌疑を晴らす
414	**eyewitness** [áiwìtnis]	目撃者
415	**false charge** [fɔls ʃɑrʒéi]	冤罪
416	**family court** [fǽməli kɔrt]	家庭裁判所

He gave a longer dissertation, as it were, than either one of the attorneys—for the state or the **defendant**.

言ってみれば彼の論述は、州検事と被告側弁護士のいずれの主張よりも長いものだった。

□ dissertation：論説、論述　□ as it were：いわば、言ってみれば　□ state attorney：州検事

Sir Arthur Conan Doyle is perhaps best known as the creator of the famous **detective**, Sherlock Holmes.

おそらくアーサー・コナン・ドイル卿は有名な探偵、シャーロック・ホームズの生みの親として最もよく知られている。

□ perhaps：たぶん、恐らく

The government believes this custom is contributing to a national problem: **drunk driving**.

政府は、この風習が国家的な問題である飲酒運転に繋がっていると考えている。

□ disable：～の動作を停止させる

The article was published two years before new libel laws were **enacted**.

この記事は、新しい名誉毀損法が制定される２年前に発表された。

□ libel：中傷、名誉毀損

The report is very clear that it does not **exonerate** the president on the question of obstruction.

報告書には非常にはっきりと、これは妨害の疑いに関して大統領の無実を証明するものではないと書かれている。

□ obstruction：妨害

An **eyewitness** says the mother was distracted by other children with her.

ある目撃者は、母親は一緒にいた他の子供たちに気を取られていたと話している。

□ distract：～の気を散らす、気をそらす

He won't, because he doesn't have any real reason to believe that he could ever prove this is a completely **false charge**.

彼が行動しないのは、これが完全な冤罪であることを立証できると信じられるような根拠がないからだ。

Judges in civil and **family courts** won't be required to wear white wigs next year.

民事裁判所と家庭裁判所の裁判官は、来年から白いかつらの着用が義務ではなくなる。

□ wig：かつら

417	**federal agent** [fédərəl éidʒənt]	連邦捜査官 ▽FBI＝Federal Bureau of Investigation：連邦捜査官
418	**felon** [félən]	重罪犯
419	**felony** [féləni]	重罪
420	**fingerprint** [fíŋgərprìnt]	指紋
421	**fraud** [frɔd]	詐欺、不正 類 swindle
422	**handcuff** [hǽndkʌ̀f]	～に手錠を掛ける
423	**high court** [hái kɔrt]	高等裁判所
424	**homicide** [hɑ́məsàid]	殺人事件、殺人罪

Several weeks ago, President Trump sent in **federal agents**.

数週間前、トランプ大統領は連邦捜査官を派遣した。

- [ ] sent in：～を送る

How could anyone choose a convicted **felon** who's committed such heinous crimes?

そんな凶悪な犯罪を犯して、有罪判決を受けた重罪犯を選ぶ人がいるなんて。

- [ ] convicted：有罪判決を受けた
- [ ] heineous：凶悪な、憎むべき

A Virginia National Guardsman is now facing **felony** charges, including driving under the influence of drugs, after leaving base in an armored personnel carrier.

バージニア州のある州兵が現在、装甲兵員輸送車に乗って基地から出た後に薬物の影響下で運転していたことも含め、複数の重罪の嫌疑をかけられている。

- [ ] face a charge：嫌疑をかける
- [ ] base：基地、軍事基地

The database will have digital **fingerprints** of the images and video, which will help the companies identify other terrorist content.

データベースには画像や動画のデジタル指紋が含まれ、各社がテロ関連のコンテンツを特定する助けになるだろう。

- [ ] identify：～を特定する

Police arrested a man in Berlin on Monday on suspicion of **fraud** and the handling of stolen goods.

警察は月曜日、ベルリンで詐欺と盗品関与の疑いで男を逮捕した。

- [ ] on uspicion of：～の嫌疑で

This image of Madonna **handcuffed** to a cross has upset some religious groups.

この十字架に手錠をかけられたマドンナの画像は、一部の宗教団体を怒らせている。

- [ ] cross：十字架

Farzana Parveen had just left her lawyer's office and was coming across the road to Lahore **High Court** when she was attacked and killed.

ファルザナ・パルビーンさんは弁護士の事務所を出発し、ラホール高等裁判所へ向かって道を渡っているときに襲われ、殺害された。

- [ ] come across：～を横切ってくる、渡ってくる

The US per-capita gun-**homicide** rate that year was more than 300 times that of Japan.

アメリカの人口当たりの銃による殺人事件の割合は、日本の300倍以上であった。

- [ ] per-capita：一人当たりの

425	**hostage** [hástidʒ]	人質
426	**human rights abuse** [hjúmən ráit əbjúːs]	人権侵害
427	**illegal** [ilíːgəl]	違法な、非合法な
428	**injunction** [indʒʌ́ŋkʃən]	禁止命令、差し止め命令
429	**inmate** [ínmèit]	囚人、受刑者 類 prisoner
430	**investigator** [invéstigèitər]	捜査官、捜査当局
431	**judge** [dʒʌ́dʒ]	裁判官、判事 類 justice
432	**judicial system** [dʒudíʃəl sístəm]	司法制度

It takes 444 days before the **hostages** are finally freed.
最終的に人質が解放されるまでに444日かかった。

The army's run this country since 1962 and rejects accusations of corruption and **human rights abuses**.
1962年以降、軍がこの国を統治しており、汚職や人権侵害の非難には耳を貸そうとしない。
☐ accusation：非難　☐ corruption：汚職

Investigators are discovering a dark world of **illegal** activity on Facebook.
捜査官たちは、フェイスブックを利用した違法行為の暗部に気づきつつある。

Cameron has issued tougher police measures and a gang **injunction** making it illegal to engage in gang activities.
キャメロン首相は、より厳しい対応を警察に命じ、ギャングの活動に携わることを違法とするギャング行為禁止令を出した。
☐ measure：処置、措置　☐ engage in：～に携わる

Now, we're going to take a look at the conditions that the **inmates** here are living in.
さて、私たちはここの受刑者がどのような環境で生活しているのかを見ていきます。

British **investigators** are trying to figure out what substance landed a former Russian double agent and his daughter in the hospital.
英国の捜査当局は、ロシアの元二重スパイとその娘が、病院に運ばれる原因となった物質を解明しようとしている。
☐ figure out：～を解明する　☐ land A in B：AをB（困った状況など）に陥らせる

A judge in Chicago sentenced the former newspaper baron to six and a half years in jail for fraud and obstructing **justice**.
シカゴの判事は、元新聞王に詐欺と司法妨害の罪で懲役6年6か月の判決を下した。
☐ sentence：～に判決を下す　☐ baron：大実業家、実力者

Allstate wouldn't comment on the two cases, except to say that they proved that the current **judicial system** is working.
オールステート社はこの2件について、それらは現行の司法制度が機能していることを証明した、と語る以外はコメントしようとしない。
☐ except to：～と言う以外には

433	**jury** [dʒúəri]	陪審
434	**kidnapping** [ˈkɪˌdnæpɪŋ]	誘拐、拉致
435	**law enforcement** [lɔ́ː infɔ́rsmənt]	法執行機関、警察
436	**law firm** [imjúːn fə́ːrm]	法律事務所
437	**lawsuit** [lɔ́sùt]	訴訟、訴え
438	**lawyer** [infékʃən]	弁護士 類 attorney 〈米〉
439	**legal** [líːgəl]	法律の、合法の
440	**legalize** [lígəlàiz]	～を合法化する

Ultimately, 12 people—three of them African American, nine Caucasian—who make up the grand **jury** will decide Wilson's fate.

最終的に、アフリカ系アメリカ人3人、白人9人という12人からなる大陪審員がウィルソン警察官の運命を決めることになる。

□ ultimately：最終的に、結局　□ caucasian：白人人種の、コーカロイドの

Fifty-one-year-old Gloria Williams is charged with **kidnapping**.

51歳のグロリア・ウィリアムズは、誘拐の罪で起訴された。

□ be charged with：〜で起訴される

I'm going to send **law enforcement** to polling stations to make sure there's no voter fraud.

私は有権者の不正がないことを確認するために、投票所に警察を派遣するつもりだ。

□ polling station：投票所　□ voter fraud：不正投票

A **law firm** representing dozens of workers has taken legal action against the company.

多数の労働者の代理を務める法律事務所が、その会社を相手取って訴訟を起こしている。

□ take legal action：法的措置を取る

A Colorado jury has just ruled in favor of pop star Taylor Swift in her counter-**lawsuit** against a former radio host.

コロラド州の陪審は、人気ポップ歌手のテイラー・スウィフトさんが元ラジオDJに対して起こした逆訴訟で、スウィフトさんの主張を認める評決を下したところだ。

□ rule in favor of：〜に有利な判決を下す

The girl's **lawyer** said it wasn't revealed to the public initially, out of respect for the family.

少女の弁護士によると、当初そのことが公表されなかったのは家族に配慮したからだ。

□ out of respect for：〜に敬意を表して、配慮して

This new **legal** protection covers more than 700 chimpanzees in research facilities..

この新しい法的保護は、研究施設にいる700頭を超えるチンパンジーに適用される。

□ cover：（規制などが）〜に適用される

Opponents forced the nationwide vote after parliament voted to **legalize** same-sex marriage last year.

昨年、国会が同姓婚の法制化を可決したのを受けて、反対派が国民投票を押し進めた。

□ opponent：反対する人

441	**lie detector** [lái ditéktər]	うそ発見機
442	**life sentence** [láif séntəns]	終身刑 ▽suspended sentence：執行猶予付きの判決
443	**litigation** [lìtəgéiʃən]	訴訟
444	**misdemeanor** [mìsdimíːnər]	軽罪、非行
445	**murderer** [mʌ́rdərər]	殺人犯、人殺し
446	**offender** [əféndər]	違反者、犯罪者
447	**organized crime** [ɔ́rgənàizd kráim]	組織犯罪
448	**out-of-court settlement** [áut əv kɔrt sétlmənt]	示談

Their new crime buster is a state-of-the-art **lie detector**, but some think it could do more harm than good.

犯罪を取り締まる政府の新たな手段は、最新式のうそ発券機だ。しかしそれは効果があるというより、むしろ害になるかもしれないと考える人もいる。

☐ crime buster：犯罪取締人 ☐ state-of-the-art：最新式の

A UN-backed court in Phnom Penh has handed down **life sentences** for Nuon Chea and Khieu Samphan.

プノンペンで開かれた国連の支援を受けた法廷は、ヌオン・チア氏とキュー・サムファン氏に終身刑を言い渡した。

☐ UN-backed：国連が支援する ☐ hand down：（判決などを）言い渡す

We think there's going to be a lot of **litigation**, because we have so much evidence.

私たちは多くの証拠を持っているので、今後多くの訴訟が起こるだろう。

And some of those proposals have already become law, like the one in Georgia making it a **misdemeanor** to deliver food or water to people standing in line to vote.

ジョージア州では、投票の列に並んでいる人に食べ物や水を届けることを軽犯罪とするような提案もあり、すでに法制化されている。

☐ proposal：提案、企画書 ☐ stand in line：列に並ぶ

Suspected vigilante **murderers** have killed up to 900 other people.

自警団員によるものとみられる殺人は、900件にものぼる。

☐ vigilante：自警団員

Correction officials are now trying to locate the ex-**offenders**.

刑務官は現在、元犯罪者らの居場所を特定しようとしている。

☐ correction official：刑務官 ☐ locate：～の居場所を特定する

Known as the yakuza and often recognized for their full-body tattoos, Japanese **organized crime** doesn't lack for muscle.

ヤクザという名で知られ、全身の入れ墨でしばしばそれとわかる日本の犯罪組織は、十分な威力を持っている。

☐ not lack for：～に事欠かない、が十分にある ☐ muscle：威力、圧力

Jackson denied the allegation but did pay him unspecified millions in an **out-of-court settlement**.

ジャクソンさんはその申し立て内容を否認したものの、示談金として少年に何百万ドルかを支払った。

☐ allegation：（十分な証拠のない）主張、供述 ☐ unspecified：明記されていない

司法

449	**parole** [pəróul]	仮釈放 ▽amnesty：恩赦
450	**perpetrator** [pə́ːrpətrèitər]	加害者、犯人
451	**plaintiff** [pléintif]	原告
452	**plea deal** [plíː díːl]	司法取引
453	**political prisoner** [pəlítikəl príznər]	政治犯
454	**prison term** [prízən tə́ːrm]	刑期
455	**proceeding** [prəsíːdiŋ]	訴訟、法的手続き
456	**prosecute** [prɑ́səkjùt]	～を起訴する

The jailed activist died after a battle with liver cancer less than three weeks after he was granted medical **parole**.

この投獄された活動家は、医療目的の仮釈放を認められてから３週間も経たないうちに、肝臓がんとの闘いののち死去した。

□ **liver cancer：肝臓がん** □ **grant A B：AにBを認める**

And according to the commission report, by supporting the Hutu government, it assisted the **perpetrators** in getting away.

そして委員会の報告書によると、フツ政府を支援することによって、加害者が罰を逃れる手助けとなったのだ。

□ **get away：罪を逃れる**

Dozens of Auschwitz survivors were in court on Tuesday as joint **plaintiffs** or witnesses in the case.

火曜日には、何十人ものアウシュビッツからの生還者が、この裁判の共同原告や証人として出廷した。

There were two that finally came forward and said yes, they took responsibility, they took the **plea deal**.

２人はついに名乗り出て責任を認め、司法取引に応じると話した。

□ **come forward：申し出る、名乗り出る**

The Anti-Defamation League says the symbol is similar to ones the Nazis used to classify **political prisoners** in concentration camps.

名誉棄損防止連盟は、そのシンボルはナチスが強制収容所で政治犯を分類するのに用いたものと似ている、と主張している。

□ **Anti-Defamation League：名誉毀損防止連盟** □ **concentration camp：強制収容所**

Shouts in a Cairo courtroom as three Al Jazeera journalists are sentenced to lengthy **prison terms**.

カイロの法廷でアルジャジーラの記者３人が長期刑を宣告されると、叫び声が上がった。

□ **be sentenced to：(〜の刑を) 宣告される** □ **lengthy：かなり長い**

Brussels announced **proceedings** against Viktor Orbán's government over the new law.

ブリュッセル (の欧州委員会は) は、新法を巡ってビクトル・オルバン政権に法的措置を取ると発表した。

Protesters are concerned about being identified and **prosecuted**.

デモ参加者は、特定され起訴されることを心配している。

457	**prosecutor** [prəgrésiv]	検察官、検事
458	**punishment** [pʌ́niʃmənt]	罰 類 discipline、penalty
459	**ransom** [rǽnsəm]	身代金
460	**reconciliation** [rèkənsiliéiʃən]	和解、調停 ▽antagonism：敵意、確執
461	**robbery** [rábəri]	強盗、強奪
462	**sue** [sú:]	訴訟を起こす、訴える
463	**supreme court** [suprí:m kɔrt]	最高裁判所
464	**suspect** [sʌ́spekt]	容疑者

According to the **prosecutor**, their faces were all buried in their cellphones.

検察によると、乗客の目はみな携帯電話の画面にくぎ付けになっていた。

□ be burried in：～に没頭している、に埋もれている

And they enforced the harshest **punishments** on those who defied their orders.

そして、彼らはその命令に逆らうものに対して、最も厳しい罰を課した。

□ harsh：厳しい □ defy：～に逆らう、従わない

Well, a hospital in Los Angeles says it was forced to pay a $17,000 "**ransom**" after a hacker attacked its computer system.

さて、ロサンゼルスのある病院によれば、病院のコンピューターシステムがハッカーに襲われたため 1 万 7000 ドルの「身代金」を支払わざるをえなかった。

□ the leading edge：最先端

Pope Francis is on his way to Mexico from Cuba, but before he left, he staged a **reconciliation** a millennium in the making.

教皇フランシスコはキューバからメキシコに向かっている途中だ。だがキューバを発つ前に、実現まで1000年もかかった和解を行った。

□ pope：法王、教皇 □ stage：～を行う □ millennium：1000年

A suspected New York gangster, who prosecutors said was linked to the largest **robbery** in the city's history, walked out of a federal courtroom Thursday not guilty.

ニューヨーク史上最大の強盗事件に関連していると検察当局が指摘するニューヨークのギャングが、木曜日に連邦裁判所から無罪で出てきた。

□ be linked to：～と関連している

Three decades after creating one of the most recognizable album covers in rock music, the band Nirvana's being **sued** for what's on it.

ニルヴァーナはロック音楽界で最も認知度の高いアルバムジャケットの一つを生み出した、しかし30年後にジャケットに載っているものが理由で訴えられている。

□ recognizable：知名度のある

The U.S. **Supreme Court** has lost one of its most conservative voices.

米連邦最高裁判所は最も保守的な代弁者の 1 人を失った。

□ conservative：保守的な

Since its start a month and a half ago, police have arrested more than 9,200 **suspects**.

1 カ月半前にその取り締まりが始まって以降、警察は9200 人以上の容疑者を逮捕した。

司法

465	**testify** [téstəfài]	証言する
466	**testimony** [téstəmòuni]	証言
467	**theft** [θéft]	盗み、窃盗、窃盗罪
468	**trafficking** [trǽfikiŋ]	密売、不正取引
469	**trial** [tráiəl]	裁判、審理 類 court
470	**verdict** [və́ːrdikt]	（陪審員の）評決
471	**violation** [vàiəléiʃənn]	違反、違法行為
472	**witness** [wítnəs]	証人、参考人

The defense psychiatrists **testified** that he had paranoid schizophrenia.

弁護側の精神科医たちは、彼は妄想型統合失調症であると証言した。

□ defense：弁護側　□ paranoid schizophrenia：妄想型統合失調症

In leaked grand-jury **testimony** later, Wilson claimed Brown was reaching for his gun.

外部に漏れた大陪審証言でウィルソン警察官は、ブラウン氏が銃を奪おうとしたと主張した。

□ grand-jury：大陪審の　□ reaching for：～に手を伸ばす、を取ろうとする

Smartphone **theft** is becoming alarmingly common in the United States, and the crimes are getting ever more violent.

米国ではスマートフォンの窃盗事件が恐ろしいほど日常化しており、その手口はかつてないほど凶悪化している。

In 2003, Dutch journalists exposed the **trafficking** of boys from Burkina Faso to the Ivory Coast.

2003年にオランダのジャーナリストたちが、ブルキナファソからコートジボワールへ少年たちが人身売買されている事実を暴露した。

□ Ivory Coast：コートジボワールの別称

One woman came all the way from New York for the **trial**, she says to make sure justice was done.

ある女性は、この公判のためにはるばるニューヨークからやって来た。正義を貫くためだという。

□ come all the way from：～からはるばるやってくる

Eighty-year-old Vincent Asaro celebrated with his family after the **verdicts** came down.

80歳のビンセント・アサロ氏は評決が下った後、家族と一緒に祝った。

□ come all the way from：～からはるばるやってくる

The company has faced accusations of low pay and safety **violations**.

この会社は低賃金と安全基準違反で批判を受けている。

□ accusation：非難、誹謗中傷

But Allen's son says the butler who served eight presidents, from Truman to Reagan, was far from a silent **witness** to history.

しかしアレン氏の息子によれば、トルーマンからレーガンまで8人の大統領に仕えた執事アレン氏は、決して物言わぬ歴史の証人ではなかったそうだ。

□ butler：執事　□ be far from：決して～ではない

医療

ここ数年、新型コロナウイルス（COVID-19）のパンデミックによって医療関連のニュースを見ない日は無くなりました。「変異株」「クラスター」「濃厚接触」など、コロナ禍がなければ日常生活ではほとんど使わない単語が頻繁に現れました。
この章では、医療に関する頻出ワードを掲載しています。まずは日本でも議論の的となる「医療用大麻」や近年ヨーロッパを中心に合法化が進む「安楽死」など、話題のキーワードを解説と共に見ていきましょう。

compassionate use

人道的使用

生命に関わる疾患を持つ患者のために、効果や安全性が確認されていない未承認薬の使用を例外的に認めること。compassionateは「人道的な」や「思いやりのある」といった意味。新型コロナウイルスの治療薬開発が急速に求められる状況で、こうした未承認薬による治療が行われた。CUという略語やexpanded accessという表現が使われることもある。

☐ unapproved drug：未承認薬

---

dental desert

歯科医不足の地域

歯科医院の数が住民の数に対して不十分で、歯科治療を受けるのが困難な地域のこと。ヨーロッパ、特にイギリスでは歯科医不足が長年問題となっており、その話題の中でこの言葉が用いられた。desertには「砂漠」「不毛の地域」といった意味があり、似た表現として貧困や社会的孤立によって食料を確保することが困難な地域を指すfood desertがある。

---

doctor shopping

ドクターショッピング

すでに診察を受けている患者が、納得のいく診察やより良い結果を求めて他の医師を訪ねたり、複数の処方箋を得る行為。他の医療機関を受診するという意味ではセカンドオピニオンに近いが、セカンドオピニオンは主治医の紹介状などを通して医者間で診療の情報共有がなされるのに対して、ドクターショッピングは患者が自らの判断で行うという点で大きく異なる。近年、薬物依存の患者が薬を求めてこうした行為を行うことも大きな問題となっている。

euthanasia

安楽死

主に死期の迫った患者に対して、肉体的な苦痛から解放するために本人の意思のもと、医師が患者を死に至らしめる医療処置。致死性の薬物を投与することで死に至らせることを積極的安楽死、予防や救命の治療を中止することで延命を止めることを消極的安楽死という。ここ数年、ドイツやスペインをはじめ複数の国で積極的安楽死が合法化されたことで話題の言葉となった。

- [ ] positive euthanasia：積極的安楽死
- [ ] negative euthanasia：消極的安楽死

---

fast track

ファストトラック

字義は「急行列車用線路」だが、医療では、癌やエイズのような完治が難しい病気に対して、高い治療効果が期待される新薬の審査を優先的に行う制度を指す。似た取り組みに画期的治療薬プログラムもあるが、このプログラムを適用するためには、既存の治療法と比較して改善したことを示すデータなどが必要となる。

- [ ] breakthrough therapy：画期的治療薬

---

medical marijuana

医療用大麻

日本では違法ドラッグのイメージが強い大麻だが、アメリカの一部の州やイギリス、カナダなどでは痛みを抑えることを目的とした医療用大麻の合法化が進んでいる。中でもアメリカでは、大麻の有効成分を含む製品が広く展開され、だれでも気軽に購入することができる。2022年末にはニューヨークで初の大麻専門店がオープンしたことも、大きな話題を呼んだ。大麻はほかにcannabisと表現されることもある。

OB-GYN

産婦人科学

obstetrics and gynecologyの略。obstetricsは「産科学」。gynecologyは「婦人科医学」、gynecologistは「婦人科医」のことで、go to the gyno「婦人科に行く」などと略して使える。近年、欧州各国での経口避妊薬の無償化の動きや、米テキサス州の中絶禁止法の議論などで目にすることの多かった表現。

- [ ] oral contraceptive pill：経口避妊薬

医療

473	**addiction** [ədíkʃən]	中毒
474	**alcoholic** [æ̀lkəhɔ́lik]	アルコール依存症の、アルコール性の
475	**allergic** [ələ́ːrdʒik]	アレルギーの
476	**alternative medicine** [ɔːltə́ːrnətiv médəsn]	代替医療
477	**anorexia** [æ̀nɔréksiə]	拒食症 ▽bulimia：過食症、大食症
478	**antibiotics** [æntibaɪˈɑtɪks]	抗生物質
479	**antidepressant** [æ̀ntaidiprésənt]	抗うつ剤、抗うつ薬
480	**arteriosclerosis** [ɑrtìriòuskləróusis]	動脈硬化

The last 15 years have seen an explosion of **addiction**, overdoses and deaths from prescription pain pills in America.

この15年間、アメリカでは処方された鎮痛剤による中毒や過剰摂取、死亡が爆発的に増えている。

□ **overdose：（薬などの）過剰摂取** □ **prescription：処方箋が必要な**

She brought her two daughters to the United States on a tourist visa to escape an abusive and **alcoholic** husband.

彼女は、暴力をふるうアルコール依存症の夫から逃れるために観光ビザで２人の娘を米国に連れてきた。

□ **abusive：虐待の、虐待的な**

She's been severely **allergic** to nuts for as long as she can remember.

彼女は物心ついたときから、重度のナッツアレルギーだった。

□ **severely：ひどく、重く**

Alternative medicine is gaining support around the world, with traditional Chinese medicine leading the way.

代替医療が世界中で支持を集めつつあり、その先頭を走っているのが漢方医学だ。

□ **traditional Chinese medicine：伝統中国医学、漢方医学**

Officials voted for the law to combat anorexia.

議員らが、拒食症の増加を防ぐための法案に賛成票を投じた。

□ **combat：～の増加を阻止しようと努める**

My generation thinks of **antibiotics** as something that'll solve everything when you take one, and it's not true.

私の世代は、抗生物質を飲めば何でも解決するものだと思っているが、そんなことはない。

□ **take of A as B：AをBとみなす、考える**

But some British experts believe certain **antidepressants** actually can be dangerous in depressed teens.

しかし、英国の専門家の中には、ある種の抗うつ剤がうつ病の10代の若者には実際のところ危険だと考える人もいる。

As we get into middle age, hardening of the arteries, known as **arteriosclerosis**, becomes a problem.

私たちが中高年になると、動脈が硬くなる動脈硬化として知られる状態が問題となる。

□ **harden：～を硬くする、固める** □ **artery：動脈**

481	**asthma** [ǽzmə]	ぜんそく
482	**autism** [ɔ́tìzəm]	自閉症
483	**autoimmune** [ɔ̀ːtouimjúːn]	自己免疫性の ▽immunology：免疫学
484	**bedridden** [bédrìdən]	寝たきりの
485	**blood clot** [blʌ́d klɑt]	血の塊、血栓
486	**blood test** [blʌ́d test]	血液検査
487	**blood vessel** [blʌ́d vésl]	血管
488	**brain-dead** [ˈbreˌndɛd]	脳死状態の、脳死の

Their children breathed the nasty particulates that brought on **asthma**.

彼らの子供たちは、喘息を引き起こす有害な微粒子を吸い込んだ。

☐ **nasty**：不快な、不潔な ☐ **particulate**：微粒子

There's been a staggering increase in the number of American children diagnosed with **autism**.

アメリカでは自閉症と診断される子どもの数が驚くほど増加している。

☐ **staggering**：驚異的な、信じがたいほどの

Jones says he had a sudden onset of **autoimmune** arthritis two years ago which affected his knees, hip and wrists.

ジョーンズさんによると、彼は2年前に突然自己免疫性関節炎を発症し、膝や腰、手首に症状が現れた。

☐ **onset**：発病、発症 ☐ **arthritis**：関節炎

The precious days she wasn't **bedridden** or writhing in pain were spent worrying about the next headache.

彼女は寝込んだり、痛みにもだえ苦しむことのなかった貴重な日々も、次に襲ってくる片頭痛のことを心配して過ごしていた。

☐ **writhe in**：～にもだえ苦しむ

We talked about her health, the **blood clot** in her head.

私たちは彼女の健康状態や、頭にできた血栓のことを話した。

New research suggests **blood tests** and ultrasounds done within the first trimesters are more accurate at predicting Down's syndrome.

新しい研究によると、妊娠初期に行われる血液検査と超音波検査は、ダウン症を予測するのにより正確であることが示唆されている。

☐ **ultrasound**：超音波検査 ☐ **trimester**：トリメスター▼妊娠期間の3分の1

Tafida Raqeeb was a joyful little girl, but in February, she collapsed after **blood vessels** in her brain ruptured, leaving her severely brain-damaged.

タフィダ・ラキーブちゃんは元気な女の子だったが、2月に脳の血管が破裂して倒れ、脳に深刻な障害が残った。

☐ **collapse**：倒れる、倒れこむ ☐ **rupture**：裂傷する、裂ける

Surgeons have successfully transplanted a pig's kidney without rejection by the patient's immune system. The recipient was a **brain-dead** patient.

外科医チームが、患者の免疫システムによる拒絶反応を起こさずに、豚の腎臓を移植することに成功した。臓器提供を受けたのは脳死状態の患者だった。

☐ **rejection**：拒絶反応 ☐ **recipient**：受容者、(ワクチンの) 接種者

489	**brain hemorrhage** [bréin hémərid ʒ]	脳出血
490	**bruise** [brúːz]	打撲、打ち身、あざ
491	**cardiac** [kɑ́rdiæ̀k]	心臓の、心臓病の ▽heart：心臓
492	**chronic disease** [krɑ́nik dizíːz]	慢性疾患
493	**clinic** [klínik]	診療所 ▽general hospital：総合病院
494	**clinical trial** [klínikəl tráiəl]	臨床研究
495	**contraceptive** [kɑ̀ntrəséptiv]	避妊薬、避妊具
496	**dehydration** [dìːhaɪdréɪʃən]	脱水症状

Arafat died in 2004 at a military hospital in Paris after suffering from a **brain hemorrhage**.

アラファト氏は2004年、脳出血のためパリの陸軍病院で死去した。

□ suffer from：(病気を) 患う、～で苦しむ

He beat me so badly that the next day I had black **bruises** all over my body.

彼は私をこっぴどくたたき、翌日全身に青あざができてしまった。

Pacemakers and other **cardiac** equipment can be slowed or disabled; monitors could shut off.

ペースメーカーやその他の心臓機器は動作が遅くなったり、停止したり、モニターが映らなくなる可能性がある。

□ disable：～の動作を停止させる

Harvard researchers say eating red meat every day appears to increase your chance of dying from a **chronic disease** by 12 percent.

ハーバード大学の研究者によると、毎日赤身の肉を食べると、慢性疾患で死亡する確率が12%上昇するそうだ。

□ appears to：～するように見える □ die from：～が原因で死ぬ

Dr. Cynthia Maung set up the **clinic** to treat people injured in the crackdown.

シンシア・マウン医師は、弾圧で負傷した人々の手当てをするためにこのクリニックを設立した。

□ set up：～を創設する、設立する □ crackdown：弾圧、厳重な取り締まり

We're hoping that, either this year or next year, we can see the first...very first **clinical trial**.

私たちはヒトiPS細胞を使った初の臨床研究が行われるのもそう遠くないと期待している。

Her goal: get **contraceptives** to another 120 million women around the world by 2020.

彼女の目標は、2020年までに世界中でさらに1億2千万人の女性に避妊具を届けることだ。

France's system failed so spectacularly in the summer heat of 2003 that 13,000 people died largely due to **dehydration**.

フランスでは2003年の猛暑にこのシステムが大失敗し、1万3千人もの人々が脱水症状を主な原因として亡くなった。

□ spectacularly：華々しく、見事に □ largely：大部分は、大半が

497	**dementia** [diménʃə]	認知症
498	**depression** [dipréʃən]	うつ病
499	**diabetes** [dàiəbí:ti:z]	糖尿病
500	**dialysis** [daiǽləsis]	透析
501	**disability** [dìsəbíləti]	身体障害
502	**disease** [dizí:z]	病気 ▽ailment：（慢性的な）病気
503	**dose** [dóus]	（薬の）一服、一回分
504	**ER** =emergency room	救急治療室

We believe this casino stimulates the brain and helps to prevent or suppress the development of **dementia**.

私たちは、このカジノが脳を刺激し 認知症の発症を防いだり進行を抑えたりするのに役立つと信じている。

□ stimulate：～を刺激する、興奮させる □ supress：～を抑制する

Researchers in California have used a brain implant to help a patient suffering with debilitating and untreatable **depression**.

カリフォルニアの研究者は、衰弱し、治療不可能なうつ病に苦しむ患者を助けるために脳インプラントを用いた。

□ debilitating：消耗性の、衰弱させる □ untreatable：治療不可能な

He has type 1 **diabetes**, meaning his blood must be monitored at all times to make sure that his sugar levels don't spike or drop.

彼は一型糖尿病を患っており、血糖値が急に上ったり下がったりしないよう常に血液を監視しなくてはならない。

□ make sure that：確実に～であるようにする □ spike：急に上がる

The guy who invented the kidney **dialysis** machine, he wouldn't patent it.

腎臓の透析装置を発明した人は、その特許を取ろうとしなかったそうだ。

□ kidney：腎臓 □ patent：～の特許権を取る

Connor also has an incurable thirst to overcome her **disability**.

それでもコナーさんには、障害を乗り越えたいという抑えがたい熱意がある。

□ incurable：抑えられない □ thirst：渇望、熱望

In fact, bats are believed responsible for a host of recent **disease** outbreaks.

実のところ、最近の疫病流行の多くはコウモリが原因だと考えられている。

□ a host of：多くの、たくさんの □ outbreak：（伝染病などの）大発生

Pluristem says their one-size-fits-all **dose** makes this easy to stockpile and use without prescreening.

プルリステム社によれば、一定の薬用量で万人に対応できるため、この薬剤は大量保管しやすく、予備検査なしで使用しやすくなっているとのことだ。

□ one-size-fits-all：万能の、汎用的な □ stockpile：～を大量保管する

Eleven million Americans have food allergies, accounting for tens of thousands of **emergency room** visits and 150 to 200 deaths a year.

1100万人のアメリカ人が食物アレルギーを持っており、1年間に何万人もが緊急治療室を訪れ、150～200人が死亡している。

□ account for：（額・割合を）計上する

医療

505	**eyesight** [áisàit]	視力
506	**fatal** [féitəl]	致死性の、命にかかわる
507	**fetus** [fíːtəs]	胎児
508	**flu viruse** [dizǽstər]	インフルエンザ・ウイルス
509	**food poisoning** [fud pɔ́izəniŋ]	食中毒
510	**gene** [dʒíːn]	遺伝子
511	**gynecologist** [gàinəkɑ́lədʒist]	婦人外科
512	**health insurance** [hélθ inʃúərəns]	健康保険 ▽care insurance：介護保険

Traditional Chinese doctors believe bear bile protects the liver and improves **eyesight**.

漢方医はクマの胆汁が肝臓を守り、視力を向上させると信じている。

☐ bile：胆汁 ☐ liver：肝臓

Sometimes, these dyes can also be **fatal** for pets.

ときには、そうした染料がペットの命取りになることもある。

☐ dye：染料、染色

The virus is carried by mosquitoes but can be transmitted to a **fetus** through the mother.

このウイルスは蚊によって媒介されるが、母親から胎児に感染することもある。

☐ mosquitoe：蚊 ☐ transmitted A to B：AをBに感染させる

Of the 179 swine-**flu viruses** identified, one kept showing up year after year.

検出された179種類の豚インフルエンザの中で、毎年繰り返し現れるものがある。

☐ show up：現れる ☐ year after year：毎年、年を追うごとに

So when you go to sushi bar, after the meal, they serve Japanese green tea, and so that keeps you away from **food poisoning**.

お寿司屋さんに行くと、食後に日本茶が出てくるが、これに食中毒を避ける効果がある。

☐ serve：(飲食物を) 出す、提供する

In a feat for **gene** editing, scientists in China have enabled mice of the same sex to have babies.

遺伝子編集が驚異の成功を収め、中国の研究チームは同性のマウスが子どもをつくることを可能にした。

☐ feat：(優れた) 業績

The Hurried Woman Syndrome is the name Dr. Brent Bost, a Texas obstetrician-**gynecologist**, has given to this set of conditions.

ハリードウーマン症候群とは、テキサス州の産婦人科医、ブレント・ポトウス医師がこの一連の症状に対し付けた名前だ。

☐ obstetrician：産科医

We were the first company in America to give comprehensive **health insurance** and equity in the form of stock options to every single employee.

当社は、社員一人ひとりに総合的な健康保険と、ストックオプションという形で株式を与えたアメリカで初めての会社だ。

☐ equity：株式、株 ☐ stock options：自社株購入権

513	**hepatitis** [hèpətáitis]	肝炎
514	**hospitalization** [hospitalization]	入院
515	**ICU** =intensive care unit	集中治療室
516	**immune system** [imjú:n sístəm]	免疫系
517	**incurable** [inkjúrəbəl]	不治の、治療不可能な
518	**infection** [infékʃən]	伝染、感染
519	**insomnia** [insámniə]	不眠症
520	**injury** [índʒəri]	傷、ケガ

A handful of the chimps are descendents of NASA's "space chimps," but most were used in HIV and **hepatitis** research in this lab in Alamogordo.

一握りのチンパンジーはNASAの「チンパンジー宇宙飛行士」の子孫だが、大部分はニューメキシコ州アラモゴードの研究所で、HIVや肝炎の研究に使用された。

☐ descendent：子孫

The animal was sick and required extensive treatment and **hospitalization**.

その動物は病気になり、広範囲に及ぶ治療と入院が必要となった。

☐ extensive：大規模な、広い ☐ treatment：治療、処置

If a child in this **intensive care unit** is able to drink milk formula, there's a good chance they'll live.

この集中治療室の子どもが粉ミルクを飲めるようになれば、助かる可能性は十分にある。

☐ formula：乳児用調合乳、粉ミルク

Surgeons have successfully transplanted a pig's kidney without rejection by the patient's **immune system**.

執刀医たちは、豚の腎臓を患者の免疫系に拒絶されることなく移植することに成功した。

☐ transplant：～を移植する ☐ kidney：腎臓

Stargardt's, a gradual worsening of sight until blindness, is **incurable**.

シュタルガルド病は徐々に視力が低下してやがては見えなくなる、治療不可能な病だ。

☐ worsening：悪化 ☐ blindness：失明

As long as people eat meat, there is going to be some risk of **infection**.

人々が肉を食べる限り、ある程度の感染リスクはあるはずだ。

☐ mosquitoe：蚊 ☐ transmitted A to B：AをBに感染させる

It found 15 genetic variants associated with what it called "morningness," and that morning people are less likely to suffer from **insomnia** or depression.

研究では、「朝型体質」と呼ぶ体質に関連がある遺伝子変異を15個突き止め、さらに朝型の人は不眠症やうつ病になりにくい傾向があることを発見した。

☐ genetic：遺伝子の ☐ variant：変異

More than a year since his **injury**, he's better but still has challenges.

彼はケガから1年以上たち、快方に向かっているが、まだ多くの問題が残ってる。

521	**life expectancy** [láif ekspéktənsi]	平均寿命、平均余命
522	**malnutrition** [mæ̀lnu:tríʃən]	栄養失調、栄養不良
523	**measles** [mí:zlz]	はしか、麻疹
524	**mental hospital** [méntəl háspìtl]	精神病院 ▽psychiatrist：精神科医
525	**nausea** [nɔ́ziə]	吐き気、むかつき
526	**neurologist** [nʊ'rɑ:lʌdʒʌst]	神経科医
527	**nursing home** [nə́:rsiŋ hóum]	老人ホーム、介護施設
528	**obesity** [oubí:səti]	肥満

Life expectancy has been on the decline in America for the last three years.

アメリカの平均寿命は過去３年間で縮んでいる。

□ een on the decline：下降している、低下している

An organizer says the aim of this event is to help those suffering from **malnutrition**, especially the youngest victims.

主催者によるとこのイベントの目的は、栄養失調に苦しむ人々、特に幼い犠牲者を救うことだという。

□ organizer：主催者、まとめ役

We have seen more **measles** in the last 10 years than we've seen in the 10 years before that.

私たちは、はしかの患者が、過去10年間でそれ以前の10年間よりも増えているのを見てきた。

At that time, Anderson, patients were warehoused in **mental hospitals** that were similar to concentration camps.

当時、患者であるアンダーソン氏は強制収容所のような精神病院に入れられていた。

□ concentration camps：強制収容所

Side effects of the drug are minimal but include **nausea** and mild headaches as well as fatigue.

この薬の副作用はほんのわずかだが、吐き気や軽い頭痛のほかに疲労感もある。

□ minimal：最小の、ごくわずかな　□ fatigue：疲れ

But some **neurologists**, like Dr. Seymour Solomon, question those findings.

しかし神経外科の中には、たとえばシーモア・ソロモン医師などは、こうした研究結果に疑問をていしている。

□ findings：（調査・研究などの）結果

Eighty-five-year-old Masako Asaga suffers from the effects of an aneurysm, but **nursing home** claims Paro helped bring back her ability to speak.

85歳のアサガ・マサコさんは、動脈瘤の後遺症に苦しんでいる。しかし老人ホームの話では、パロのおかげもあり彼女は再び話せるようになったとのことだ。

□ aneurysm：動脈瘤　□ bring back：～を元に戻す、取り戻す

This is the Cyber Interface Lab. Here, Takuji Narumi is experimenting with how virtual reality can play a role in weight loss and **obesity**.

ここは、サイバーインターフェースラボ。ここでは鳴海拓志さんが、バーチャルリアリティーが、減量や肥満にどのように関与しうるのか実験している。

□ play a role in：～に影響を与える、で役割を果たす

529	**pandemic** [pændémik]	世界的流行病 類 epidemic
530	**patient** [péiʃənt]	患者
531	**paralysis** [pərǽləsis]	まひ
532	**pediatrician** [pìːdiətríʃən]	小児科医
533	**physician** [fizíʃən]	内科医
534	**physiology** [fìziɑ́lədʒi]	生理学
535	**placenta** [pləséntə]	胎盤
536	**prescription drug** [priskrípʃən drʌ́g]	処方薬 ▽prescription：処方箋

The **pandemic** has forced Broadway shows in New York to shut down, leaving thousands of performers out of work.

パンデミックにより、ニューヨークのブロードウェイのショーは閉鎖を余儀なくされ、何千人ものパフォーマーが仕事を失うことになった。

□ out of work：失業して、無職で

Doctors who developed the technique say it will save the lives of 30 percent more transplant **patients**.

この技術を開発した医師らによると、これによって移植患者の命が30%以上多く救われるようになるとのことだ。

□ transplant：移植

Scientists have been researching electrical stimulation as a treatment for **paralysis** for three decades.

科学者たちは、電気刺激をまひの治療法として30年間研究してきた。

□ electrical stimulation：電気刺激　□ treatment：治療法

Two **pediatricians** who watched this video told us a child in this seat would've been at serious risk of head and neck injuries.

このビデオを見た2人の小児科医は、この（チャイルド）シートに座った子どもは頭や首に深刻な損傷を受ける危険性があっただろうと話した。

Forty to 60 percent of Americans don't even go to get their lab tests done when they're told by a **physician** to go do so.

アメリカ人の4～6割は、医師から検査を受けてくるように言われても、検査に行かないのだそうだ。

□ worsening：悪化　□ blindness：失明

This year's Nobel Prize for medicine and **physiology** has been awarded to three scientists whose work led to the discovery of the hepatitis C virus.

今年のノーベル医学生理学賞は、C型肝炎ウイルスの発見につながった3人の科学者に贈られる。

Alcohol is going directly to the baby through the **placenta**, and it can damage the brain of the baby.

アルコールは胎盤を通して直接胎児に行くため、胎児の脳に損傷を与える可能性がある。

□ genetic：遺伝子の　□ variant：変異

The measure would allow terminally ill patients to voluntarily end their lives using **prescription drugs**.

この措置は、末期患者が処方薬を使って自分の意思で命を絶つことを認めるものだ。

□ terminally ill patient：末期患者　□ voluntarily：自分の意思で

医療

537	**progressive** [prəgrésiv]	進行性の
538	**public health** [pʌ́blik hélθ]	公衆衛生
539	**regenerative medicine** [ridʒénərèitiv médəsn]	再生医療
540	**relapse** [rilǽps]	(病気が) ぶり返す、再発する
541	**sedative** [sédətiv]	鎮痛剤
542	**stroke** [stróuk]	脳卒中
543	**substance abuse** [sʌ́bstəns əbjúːs]	薬物乱用
544	**surgeon** [sə́ːrdʒən]	外科医、執刀医

ALS is also known as Lou Gehrig's disease. It's **progressive**, eventually leads to paralysis.

ALSは「ルー・ゲーリッグ病」としても知られており、進行性で、最終的には（全身の筋肉が）まひする。

□ paralysis：麻痺

Currently, she's a professor of **public health** at the University of Texas in Dallas and a staff writer for the Dallas Morning News.

彼女は現在、テキサス大学ダラス校の公衆衛生学の教授で、ダラス・モーニング・ニュース紙のスタッフライターも務めている。

□ physiology：生理学

Japan is on the leading edge in **regenerative medicine**.

日本は再生医療の分野で最先端だ。

□ the leading edge：最先端

There was one other child in the study who improved for two months but then **relapsed**.

この研究のもう一人の小児患者は、2か月間容態が改善した後、病気が再発した。

She had taken **sedatives** and become disorientated, cutting her face as she fell.

彼女は鎮静剤を飲んで方向感覚を失い、倒れたときに顔を切った。

□ disorientate：方向感覚を失わせる

A new study shows that people who get less than six hours of rest have a significantly higher risk of heart attack, **stroke** and other heart-related diseases.

新しい研究によると、休息時間が6時間未満の人は心臓発作、脳卒中、その他の心臓関連の病気にかかるリスクが著しく高い。

□ significantly：著しく、明らかに　□ heart attack：心臓発作

Studies show religious involvement appears to have health benefits, including reducing anxiety, depression and **substance abuse**, and increasing longevity.

複数の研究によると、宗教とのかかわりは健康によい影響を与えるようで、不安や抑うつ、薬物依存の軽減や寿命を延ばす効果もあるということだ。

□ anxiety：不安、心配　□ longevity：寿命

She feared her condition would affect areas of her brain that control her hand movements, so **surgeons** talked to her and had her play while they worked.

彼女は、病気が自分の手の動きを司る脳の部位に影響を与えるのが不安だった。そこで執刀医たちは、手術を行う間彼女に（楽器を）弾くよう話した。

□ affect：（病気が～を）冒す、襲う

医療

545	**surgery** [sə́ːrdʒəri]	手術 ▽operating room：手術室
546	**therapy** [θérəpi]	治療 類 cure、healing 、treatment
547	**tuberculosis** [tubə̀ːrkjəlóusəs]	結核
548	**tumor** [túmər]	腫瘍
549	**tranquilizer** [trǽŋkwilàizər]	精神安定剤
550	**urine** [júərin]	尿
551	**vaccination** [vǽksənéiʃən]	予防接種
552	**womb** [wúːm]	子宮

But according to Chinese law, doctors can't perform the lifesaving **surgery** without the parents' consent.

しかし中国の法律では、医者は親の同意なしに救命手術をすることはできない。

□ **lifesaving：救命の、命を救うことができる** □ **consent：同意、承諾**

The challenge now is to transform the gene **therapy** treatment to make it safe for humans.

現在の課題は遺伝子を使ったその治療法を改善し、いかに人間にとって安全なものにするかということだ。

□ **transform：～変形する、変身させる**

Tuberculosis was one of the deadliest diseases in the Victorian era, killing one in four people at one point.

ビクトリア朝時代、結核は非常に死亡率の高い病気で、一時は4人に1人が亡くなっていた。

They successfully removed 98 percent of Dagmar's **tumor**, and she kept full function in her left hand.

彼らはダグマー氏の腫瘍の98%を切除することに成功し、左手の機能を完全に維持することができた。

In Britain, Class C drugs include cannabis, **tranquilizers** and some painkillers.

イギリスでは、大麻、精神安定剤、一部の鎮痛剤などがC級麻薬に分類されている。

□ **cannabis：大麻** □ **painkiller：鎮痛剤、痛み止め**

British scientists have tested that theory by training dogs to identify **urine** samples containing cancer.

イギリスの科学者たちが、犬にがんを含む尿サンプルを識別させる訓練をし、その理論を検証した。

□ **identify：～を確認する、識別する**

Some experts say that the rapid **vaccination** effort has already saved tens of thousands of American lives.

専門家の中には、迅速なワクチン接種の努力によって、すでに何万人ものアメリカ人の命が救われたと言う人もいる。

□ **rapid：迅速な、急速な** □ **effort：取り組み、努力**

Others speculate whether women in the future would use the artificial **womb** instead of carrying a child to full term.

また、未来の女性たちは出産予定日まで妊娠を続けるのをやめ、人口子宮を使うようになるのではないかという意見もある。

□ **full term：出産予定の**

生活

小中高と学習要領に沿った授業が一般的な日本と比べて、
アメリカでは教育方法や授業の形も様々です。
自由の国アメリカではどのような教育が行われているのか、
新しいトレンドワードを見ていきましょう。

STEAM

STEAM 教育

Science（教育）、Technology（技術）、Engineering（工学）、Mathematics（数学）、Arts（芸術）を総合的に学習する教育メソッド。異なる分野を学ぶことで、学習領域の枠を超えて考える力を育む狙いがある。2000年代に「STEM教育」が理系人材育成のために生まれたが、新しい技術を応用し問題に取り組むためには、創造性やデザインといったArtsの部分が必要だという考えからAを加えたSTEAMが教育トレンドとして広まっている。

PBL

課題解決型学習

Project Based Learningの略。知識を学習していく受け身な学習方法ではなく、学習者が自ら課題を見つけ、解決することを重視した学習方法。答えの決まっていない課題に対してグループで仮説を立て、検証していくことで問題解決に対する思考力や、仲間とのコミュニケーション能力など一般社会で必要な能力が身につくとされている。

MOOC

大規模公開オンライン講座

Massive Open Online Courseの略。インターネット上でだれでも無料で受講することができる開かれた講義のこと。テストやレポートもあり、大学によっては修了証が発行される場合も。「Coursera」「edX」など代表的なプラットフォームにはスタンフォード大学やハーバード大学といった名門大学も参加しておりMOOCの受講をきっかけに有名大学への進学を果たす人も出てきている。

---

homeschooling

自宅学習

学校に通学せず、自宅を拠点として学習すること。親が教育するのが一般的だが、数人の親が協力して自宅を小さな学校のような形式にすることもある。欧米では古くから使われる学習形態だったが、新型コロナウイルスの影響でその数が急増した。親が学習放棄や放任するのを防ぐため、授業計画書の提出やテストの受験をホームスクール法として定めている州もある。

日本とアメリカでは教育制度に大きな違いがある。日本の義務教育が小学校６年、中学校３年の計９年間なのに対して、アメリカは幼稚園と訳されるKindergartenに始まり18歳の学年で卒業するHigh school までの計13年間を、義務教育として無償で学ぶことができる。アメリカでは学年のことをグレードと呼び、この13年間の期間はK-12（kay-through-twelve）と略称される。
また、学年の区分けも日本が小中高を６・３・３と一律に分けるのに対しアメリカは６・２・４や５・３・４と州や学区によって分け方が異なる。

アメリカの教育制度

グレード	アメリカ	日本	学年
	Doctor Course	博士課程	
	Master Course	修士課程	
	4-year College	4年制大学	
	Junior College	短大	
12 11 10 9	High School	高校	3 2 1
8 7 6	Middle School	中学校	3 2 1
5 4 3 2 1	Elementary School	小学校	6 5 4 3 2 1
	Kindergarten	幼稚園／保育園	
	Preschool		

553	**aging society** [éidʒiŋ səsáiəti]	高齢化社会
554	**birthrate** [bə́ːrθrèit]	出生率
555	**disaster** [dizǽstər]	災害 ▽human-caused disaster：人的災害
556	**diversity** [dizǽstər]	多様性
557	**divorce rate** [divɔ́rs réit]	離婚率
558	**lack of sleep** [lǽk əv slíːp]	寝不足
559	**natural disaster** [nǽtʃərəl dizǽstər]	自然災害
560	**needy** [níːdi]	生活困窮者、貧しい人

Japan is becoming a super-**aging society**, even as the number of children is falling

日本は超高齢化社会に入りつつあり、少子化も進んでいる。

☐ **fall：減少する**

Japan is aging faster than anywhere on the planet, with a birthrate at historic lows.

日本は世界のどの国よりも高齢化が進んでおり、出生率は記録的な低さとなっている。

They are the workers trying to contain the world's worst nuclear **disaster** in a quarter of a century.

彼らは、この四半世紀で世界最悪の原発事故を収束させようとしている作業員達だ。

☐ **contain：～を阻止する、食い止める**

We actually look for people who are different, because that diversity gives us great ideas.

私達が求めるのは、実は違う考えを持つ人だ。というのも、そうした多様性が素晴らしいアイデアを授けてくれるからである。

☐ **top-choice：第一志望の**

The Swedish study claims that the **divorce rate** increases by 70 percent in offices where both men and women work together.

スウェーデンの研究によると、男女が共に働く職場では、離婚率が70%増加するという。

☐ **isolated：隔離された**

All three of them have significant and causal links to a **lack of sleep**.

この3つは、いずれも睡眠不足と重大な因果関係がある。

☐ **causal link：因果関係**

A heat wave last year triggered the worst coral-bleaching event on record, a **natural disaster** linked directly to global warming.

昨年の熱波により、観測史上最悪のサンゴの白化現象が起こった。これは地球温暖化に直接関連した自然災害だ。

☐ **trigger：～を誘発する、追い出す** ☐ **bleaching：白化、漂白**

Aside from earning, I also give something back to these people, to the...to...to my country, to help these needy.

稼ぐことはさておき、私はまたこれらの人たちに何かしらお返しできる。祖国と貧しい人々に対して。

---

561 **organic food** [ɔrgǽnik fud]
オーガニックフード、有機食品

562 **pensioner** [pénʃənər]
年金受給者

563 **puberty** [pjú:bəti]
思春期

564 **power outage** [páuər áutidʒ]
停電

565 **sexual orientation** [sékʃuəl ɔ̀rientéiʃən]
性的指向

566 **single parent** [síŋgl pέərənt]
ひとり親

567 **social safety net** [sóuʃəl séifti nét]
社会的セーフティーネット
▽健康保険、年金、生活保護といった社会保障制度の総称

568 **welfare** [wélfὲər]
福祉援助、生活保護

It's precooked organic food for pets.
それはペット用の調理済みオーガニックフードです。

□ **precook：～を前もって料理しておく**

Many **pensioners** are back on the job, filling in the cash shortfall not covered by their retirement plans.
多くの年金生活者が再就職し、年金制度では補いきれない現金の不足分を埋めようとしている。

□ **shortfall：不足、不足額** □ **retirement plan：年金制度、退職金制度**

They want him to go through **puberty**, just like everybody else.
彼らは、他の人と同じような思春期を彼に過ごしてほしいと思っている。

□ **go through：～を経験する**

Turkey's state railway confirmed reports of a power **outage**.
トルコの国鉄は、停電の報道が事実であると認めた。

□ **state railway：国営鉄道**

A new study says they can predict anything from religion to politics and even **sexual orientation**.
新たな研究によると、彼らは宗教から政治、性的指向に至るまであらゆることを予測できるようだ。

What's the biggest challenge to being a **single parent**?
ひとり親であることの最大の問題はなんでしょうか？

If there's no solution, the Milken study predicts the region's economy will spiral down and the **social safety net** will become even more precarious.
もし解決策がなければこの地域の経済は急降下し、社会的セーフティネットはさらに不安定になると、ミルケン社の研究は予測している。

□ **spiral down：ころがり落ちる、急に落ちる** □ **precarious：不安定な、心もとない**

British authorities have long used TV to warn against tricking the government out of a **welfare** check.
英国当局は長年テレビを使って、政府から生活保護の小切手をだまし取ることに対し警告してきた。

□ **authority：当局** □ **trick A out of B：AからBをだまし取る**

569	**applicant**	[ǽplikənt]	志願者
570	**bachelor’s degree**	[báchelor’s degrèe]	学士号
571	**bullying**	[búliiŋ]	いじめ
572	**coed**	[kóuèd]	男女共学の ▽single-sex education：男女別学の教育
573	**compulsory education**	[kəmpʌ́lsəri èdʒukéiʃən]	義務教育
574	**cram school**	[crám skúːl]	塾、予備校
575	**daycare center**	[dáy-càre cènter]	保育園、託児所
576	**dean**	[díːn]	（大学の）学部長

The coalition accuses Harvard of unfairly holding Asian American **applicants** to a higher standard.

連盟は、ハーバード大学がアジア系アメリカ人の志願者に対して不当に高い基準を課していると非難している。

□ coalition：連盟、連合 □ acuse A of B：AをBの理由で訴える、非難す

About half of all Asian Americans hold a **bachelor's degree**, compared to 28 percent for the rest of the population.

その他の人々が28%なのに対して、アジア系アメリカ人全体の約半数が学士号を持っている。

□ the rest of：残りの、他の

Counselors say intense competition in Korean schools can lead to **bullying**.

カウンセラーは韓国における熾烈な競争が、いじめを引き起こす要因になりかねないと話している。

□ intense：強烈な、激しい

The first **coed** university officially opened there on Wednesday.

初の男女共学の大学が水曜日に開校した。

We call upon all governments to ensure fr...free **compulsory education** all over the world for every child.

私たちは全ての政府に呼びかけます、世界中のすべての子供に無償の義務教育を保障するようにと。

□ call upon[on] ～ to do：～に…するよう要求する

This is **cram school**, a privately run crash course to get Chinese students into American universities.

ここは進学予備校、民間経営の短期集中コースで、中国人学生をアメリカの大学に入学させるのが目的だ。

□ privately run：民間経営の、私立の □ crash course：短期集中コース

The family might need daycare, so we will repurpose the institution for a **daycare center**.

家族が保育サービスを必要とするかもしれないので、我々はその施設を保育園に再利用するつもりだ。

□ repurpose：～を別の目的に使う

Ronald Yasbin, a **dean** at UNLV, says they cracked down on college cheats by implementing a new proctoring policy, where trained students monitor exams.

UNLVの学部長ロナルド・ヤスビン氏は、大学の不正行為を取り締まるために、訓練を受けた学生が試験を監視する新しい試験監督制度を導入したという。

□ crack down on：～を厳しく取り締まる □ implement：～を実行する

577	**degree** [dɪgríː]	学位
578	**department** [dipɑ́rtmənt]	学部、学科
579	**diploma** [diplóumə]	卒業証書、修了書
580	**dropout** [drɑ́pàut]	中退、退学
581	**enrollment figure** [inróulmənt fígjər]	登録者数、入学者数
582	**faculty** [fǽkəlti]	学科、（学科の）全教員
583	**graduate** [grǽdʒuət]	卒業生 ▽卒業式：graduation ceremony
584	**homeschooling** [hóʊmskú:liŋ]	自宅学習

Gates attended Duke University in North Carolina, earning a **degree** in computer science and economics and then an MBA.

ゲイツ氏はノースカロライナ州のデューク大学に入学しコンピューター・サイエンスと経済の学位を取得。その後、MBAを取得した。

☐ **earn a degree in**：～の学位を取得する

He says he already has enough money for his class, so all of his proceeds are now going to other teachers in his math **department**.

彼によると、自分のクラスにはもう充分な金額が集まったので、現在は広告による収入をすべて数学科の他の教員たちに回しているとのことだ。

☐ **proceeds**：収入、収益

Graduates at Radford University in the U.S. state of Virginia found spelling errors on their **diplomas**.

米バージニア州のラドフォード大学の卒業生たちが、卒業証書につづりの間違いを見つけた。

The elite students who've been the early consumers of these things—even they have had pretty high **dropout** rates.

これらの初期の受講者は優秀な学生達だったが、彼らでさえ途中で辞めてしまう人が多かった。

Since the State Department designated Mandarin a critical language in public education, **enrollment figures** have skyrocketed.

国務省が中国語を公教育の重要言語に指定して以来、入学者が急増している。

☐ **designate A B**：AをBに指定する　☐ **skyrocket**：急上昇する

I wasn't as conscious, but female students in the architecture **faculty** seem to worry about having a family when they think about their future career.

私はそれほど意識していなかったが、建築学部の女子学生は将来のキャリアを考えるとき、家庭を持つことを心配するようだ。

☐ **conscious**：意識のある、気にしている

Elizabeth is a proud **graduate** of the University of Texas.

エリザベスさんは、テキサス大学の誇り高き卒業生です。

In the United States, there was an increase in **homeschooling** of children after the 1999 shootings at Columbine High School in Colorado.

アメリカでは、1999年にコロラド州で起きたコロンバイン高校銃乱射事件をきっかけに、子どもたちの自宅学習が増加した。

☐ **shooting**：銃撃事件

585	**honor-roll student** [ánər róul stú:dnt]	優等生
586	**kindergarten** [kíndərgɑ̀rtən]	幼稚園
587	**law school** [lɔ́: skú:l]	法科大学院
588	**MBA** =master of administration	経営学修士
589	**master's degree** [máster's degrèe]	修士号
590	**middle school** [mídl skú:l]	中学校、中等学校
591	**orphanage** [ɔ́:fənidʒ]	孤児院
592	**principal** [prínsəpəl]	校長

They're going from A or honor-roll students to, you know, barely passing.

彼らは成績がＡの優等生から、試験にギリギリで合格する程度になっている。

☐ **berely：かろうじて〜する**

Some parents are putting their children into training classes to help them ace their interviews to get into **kindergarten**.

一部の親は子どもたちが面接で高得点を取り、幼稚園に入れるようにするために塾へ通わせている。

☐ **ace：（試験などで）高得点を取る**

President Obama and First Lady Michelle Obama both attended Harvard **Law School**.

オバマ大統領とファーストレディーのミシェル・オバマ夫人はともにハーバードの法科大学院に通っていた。

Pennsylvania native Eric Seidner is studying to get an **MBA** at his top-choice school.

ペンシルバニア出身のエリック・サイドナーさんは第一志望の学校でＭＢＡ取得のために勉強している。

☐ **top-choice：第一志望の**

She's studying for a master's degree but a year ago was isolated in hospital.

彼女は修士号取得を目指す学生だが、１年前は病院に隔離されていた。

☐ **isolated：隔離された**

But at a **middle school** in suburban Washington, strict rules are bringing parental complaints.

しかし、ワシントン郊外のある中学校では、厳しい規則が保護者の不満を呼んでいる。

☐ **suburban：郊外の** ☐ **parental：親の**

In the weeks ahead, Nakata visits more deprived children at **orphanages** in Taiwan and mainland China.

今後、中田氏は台湾と中国本土の孤児院で、さらに恵まれない子供たちを訪問する予定だ。

☐ **deprived：貧しい、恵まれない**

But school **principal** John Drottar says gender never impacts the way students are treated.

しかし、校長のジョン・ドロッターは、性別によって生徒の扱い方が変わることは決してないと言う。

593	**private school** [práivət skúːl]	私立学校
594	**public school** [pʌ́blik skúːl]	公立学校
595	**scholarship** [skɑ́lərʃìp]	奨学金
596	**school fee** [skúːl fíː]	学費、授業料
597	**school violence** [skúːl vάɪələns]	校内暴力
598	**semester** [səméstər]	（2学期制での）学期
599	**tuition** [tjuíʃən]	学費、授業料
600	**vocational school** [voukéiʃənəl skúːl]	専門学校、職業訓練学校

Perhaps surprisingly for a British **private school**, the Gordonstoun philosophy was quite idealistic.

英国の私立学校としては意外かもしれないが、ゴードンストン校の教育理念はかなり理想主義的だった。

□ philosophy：理念　□ idealistic：理想主義的な

For the past 10 years, I've been working with the New York City **public schools** on education reform efforts.

私はこの10年間、ニューヨークの公立学校と協力して教育改革に取り組んできた。

□ education reform：教育改革

At Robert Morris University in Chicago, you can study on a **scholarship** program in esports.

シカゴのロバート・モリス大学では、eスポーツを奨学金制度で学ぶことができる。

Once the money is in his account, he can use his phone to pay for anything instantly—another goat or his children's **school fees**.

いったん自分の口座にお金が入ると、彼は電話を使って即座にあらゆるものの支払いができる。新たなヤギの購入や子どもたちの学費などだ。

□ instantly：すぐに、即座に

Now, the main reason for youth suicide in South Korea is concerns over school grades. But **school violence** is also a significant factor.

さて、韓国の若者が自殺に至る主な理由としては学業成績についての悩みが挙げられる。しかし、校内暴力もまた大きな要因となっている。

□ youth：青年期の、若者の　□ concern over：～についての懸念、心配

Columbia has actually decided that all grading will be pass/fail for the semester.

コロンビア大学は、実は今学期の成績評価をすべて合格・不合格の二択にすることを決定している。

□ pass/fail：合格か不合格か（という二択の判定）

Students have been protesting the high cost of education, with some even calling for free **tuition**.

学生たちは教育費の高さに抗議しており、一部の学生は学費の無償化まで求めている。

□ deprived：貧しい、恵まれない

The American Association of Community Colleges estimates most **vocational schools** have started such programs in the last three years.

米国コミュニティカレッジ協会の推計によると、ほとんどの職業訓練校がこの3年でこうしたプログラムを始めている。

□ association：協会

英文索引

本書に収録した見出し語をアルファベット順に並べています。数字はページを表しています。検索、復習にご活用ください。

和文索引

本書に収録した見出し語の日本語訳を五十音順に並べています。複数の意味がある場合、別々に表記してあります。

く

け

こ

さ

し

せ

そ

た

ら

り

れ

ろ

わ

MP3音声・電子書籍版（PDF）の入手方法

本書のご購入者は、下記URLまたはQRコードから申請していただければ、
本書のMP3音声と電子書籍版（PDF）を無料でダウンロードすることができるようになります。

申請サイトURL（ブラウザの検索窓ではなく「URL入力窓」に入力してください）
https://www.asahipress.com/eng/ee34words/

●スマートフォン/タブレットなどで音声再生をされる方は、App Storeまたは Google Playから右記のアイコンの音声再生アプリを端末にインストールしてご利用ください。アプリの使い方などについてはp.4をご参照ください。
●パソコンの場合は、通常お使いの音声再生ソフトをご利用ください。

［音声再生アプリ］
リスニング・トレーナー

【注意】
●PDFは本書の紙面を画像化したものです。
●本書初版第1刷の刊行日（2023年3月20日）より1年を経過した後は、告知なしに上記申請サイトを削除したりMP3音声・電子書籍版（PDF）の配布をとりやめたりする場合があります。あらかじめご了承ください。

[EE Books]
CNNの生きた例文で学ぶ 現代英語の最新キーワード辞典【2023-2024】

2023年3月20日 初版第1刷発行

編　集　『CNN English Express』編集部
発行者　原 雅久
発行所　株式会社 朝日出版社
〒101-0065 東京都千代田区西神田3-3-5
TEL: 03-3263-3321　FAX: 03-5226-9599
郵便振替 00140-2-46008
https://www.asahipress.com（HP）
https://twitter.com/asahipress_com（ツイッター）
https://www.instagram.com/cnn.ee（インスタグラム）
印刷・製本　凸版印刷株式会社
DTP　有限会社 ファースト
音声編集　ELEC（一般財団法人 英語教育協議会）
装　丁　岡本 健＋

 ISBN978-4-255-01333-6 C0082